リッツ・カールトンThe Ritz-Carlton
で学んだ仕事でいちばん大事なこと

唤起感动

丽思卡尔顿酒店"不可思议"的服务

[日] 林田正光　著

陶小军　张永亮　译

人民东方出版传媒
People's Oriental Publishing & Media

东方出版社
The Oriental Press

图字：01-2018-5501 号

Ritz-Carlton de mananda Shigoto de ichiban daiji na koto by Masamitsu Hayashida
Copyright © Masamitsu Hayashida 2004
Simplified Chinese translation copyright © 2017 Oriental Press,
All rights reserved.
Original Japanese language edition published by ASA PUBLISHING CO., LTD.
Simplified Chinese translation rights arranged with ASA PUBLISHING CO., LTD.
Through HANHE INTERNATIONAL (HK) CO., LTD.

中文简体字版专有权属东方出版社

图书在版编目（CIP）数据

唤起感动：丽思卡尔顿酒店"不可思议"的服务／（日）林田正光 著；陶小军，张永亮
译. —北京：东方出版社，2019.2
（服务的细节；083）
ISBN 978-7-5207-0680-3

Ⅰ.①唤… Ⅱ.①林… ②陶… ③张… Ⅲ.①饭店—商业服务—研究 Ⅳ.①F719.2

中国版本图书馆 CIP 数据核字（2018）第 279149 号

服务的细节 083：唤起感动：丽思卡尔顿酒店"不可思议"的服务
（FUWU DE XIJIE 083: HUANQI GANDONG: LISIKAERDUNJIUDIAN "BUKESIYI" DE FUWU）

作　　者：［日］林田正光
译　　者：陶小军　张永亮
责任编辑：崔雁行　高琛倩
出　　版：东方出版社
发　　行：人民东方出版传媒有限公司
地　　址：北京市西城区北三环中路 6 号
邮　　编：100120
印　　刷：三河市中晟雅豪印务有限公司
版　　次：2019 年 2 月第 1 版
印　　次：2021 年 6 月第 3 次印刷
开　　本：880 毫米×1230 毫米　1/32
印　　张：5.25
字　　数：101 千字
书　　号：ISBN 978-7-5207-0680-3
定　　价：58.00 元
发行电话：（010）85924663　85924644　85924641

版权所有，违者必究
如有印装质量问题，我社负责调换，请拨打电话：（010）85924602　85924603

前　言

提到"最重要的工作要点"，大家会想到什么？

我想大概会因人而异，且都是正确的，对于这一问题不存在标准答案。

但是，工作的前提，我认为最需要留神的是人际关系。

不管从事什么工作，我们面对的总是人。

考虑到场合的不同，这些人要么是顾客，要么是上司或部下，要么是前辈或晚辈，要么是同事，要么是供应商。

此时，如果相互间的关系不好，工作的成功率将会极其低。

也有人说人际关系在对方有意图时才会建立。

的确如此，但实际上是我这一方的行为方式和相处之道决定了对方能否打开心扉、给予信赖。

我这么想，大多是因为我自身的经历。

1945 年 10 月，我出生于熊本县熊本市郊区一个叫"富合街"的小镇。

在当地的高中毕业后，我进入藤田观光股份公司工作，入职后我被分配到该公司经营的一家叫"太阁园"的老字号花园餐厅（Garden Restaurant），该餐厅被评为"大阪迎宾馆"，可承办宴会和婚礼。我在 50 岁辞职前，一大半时间都在从事营业方面的工作。

1996 年，我进入位于大阪梅田的丽思卡尔顿（大阪）酒店（The Ritz-Carlton Hotel）工作。

我在丽思卡尔顿酒店的 7 年间，担任过营业经理、营业总经理等职，之后经营过一家咨询公司，从 2004 年 9 月起，担任京都全日空酒店的董事长兼总经理至今。

商业和服务业的真谛是，通过商品、服务与顾客建立良好的人际关系。

针对这一点，我在丽思卡尔顿酒店获益颇多，本书接下来将详述此事。

丽思卡尔顿酒店提供了令大多数顾客甚是满意的优质服务。

这些时常被称为"神秘"（Mystic）的服务，来自每一位工作人员与顾客之间保持的人际关系。

我也有幸接触到这种与顾客构建人际关系的方法，获得了以为己用的机会。

同时我也深深体会到，这些经验不仅适用于待客业和服务业，还通用于一切业种和工作。

接下来，我将在本书中介绍我在工作中得到的这些技能（Know-How）。

当然，这些未必是一朝一夕就能掌握的，有必要进行一定程度的训练和实践。

但是，如果这些追求更有效工作的路线和想法，能让大家以某种形式应用到每天的工作中，将是我的无上光荣。

林田正光

目　录

第 5 章　酒店人如何构建人脉　/ 103

第 6 章　领导能力和目标会让你变得更有魅力　／125

第 1 章

在打动顾客的丽思卡尔顿
酒店学到的东西

50 岁时入职丽思卡尔顿酒店

古人云"人生不过 50 年"，但对我来说，50 岁并不意味着结束，而是崭新人生的开始。

步入 50 岁之际，我辞去了之前的工作，下定决心向新天地发起挑战。

我崭新的职业生涯将在丽思卡尔顿（大阪）酒店展开。

丽思卡尔顿（大阪）酒店是一家外资酒店，凭借其无与伦比的服务，在开业第 2 年就被《Diamond》杂志评为"关西第一"，被《日经商务》（Nikkei Business）杂志评为"大阪地区综合排名第一"，之后也接连斩获多项大奖。

此前，我在藤田观光股份公司经营的餐厅"太阁园"营业部工作了 32 年。

太阁园是关西代表性的花园餐厅，历史悠久，甚至可以追溯到 1908 年（明治四十二年）前后，其前身是当时关西金融界杰出人物藤田传三郎在淀川河畔建造的纲岛御殿。

这座筑山式回游庭园占地 7000 坪①，政界和金融界常在此举办宴会，因此又被称为"大阪迎宾馆"。

---

① 1 坪约等于 3.3057 平方米。

我在太阁园的各种活动和宴会中担任过营业企划的工作。

顺便说一句,像我这样在太阁园一待就是 32 年的情况是特例中的特例。

因为员工一般工作几年后就会被调到藤田观光股份公司在各地经营的场所中去。

我之所以能在同一个地方工作 32 年,是因为 5 年轮换 1 次的历任经理都对我照顾有加。其中最主要的原因是我既能提高销量,又在业绩方面有所贡献。此外,他们在人脉等很多方面都需要我。

我在太阁园的工作无疑是充实的。

但是在我 48 岁那年却发生了转变。

我当时得了一场重病,需要长期住院。病名叫"胆管狭窄"。

由于胆汁淤积,还出现了黄疸症状。手术后,我靠打点滴度过了 75 天。

这段住院生活让我明白了何为人心的温暖。

从前我是一个只会被强者逻辑打动的人。

因为在太阁园举办的大型活动接连大获成功,甚至有一段时间我连走路都变得大摇大摆起来。

直到患病完全动不了时,我才痛切地感受到自己的存在多么弱小。我之所以能再次打起精神,是因为很多人来看望了我。

"林田先生，你没事吧？请快点好起来。"

"林田先生，你比之前有精神哦。"

我真的从心底里感到开心。

此时我想：

"真正能打动人心的，是发自内心的感情。"

我自认为之前也算是待客真诚，但在直接体会到这种人心温暖之后，我才察觉到还存在一个层次更高的世界。

我把这次经历充分用在了之后的工作之中。

唤起感动的丽思卡尔顿酒店

我在病床上躺了半年，出院后又静养了半年，整整休假一年。当然，我的所有职务在这期间都被免除了。

当时我 49 岁，无论如何都想东山再起。

有一天，我无意间看到一则新闻报道：

"1997 年 丽思卡尔顿酒店 于大阪开业。"

那一瞬间，我意识到"这是一个机遇"。

我之所以这么说，是因为几年前，同为外资酒店的四季酒店（Four Seasons Hotel）在进军东京市场时，与藤田观光股份公司经营的椿山庄有合作关系。

因为这层关系，我去参观学习过位于加拿大、纽约以及华盛顿的四季酒店。

那时，四季酒店的员工强烈建议我去丽思卡尔顿酒店见习。

我当时对丽思卡尔顿酒店并不怎么熟悉，但四季酒店的员工对其品质的高度评价让我开始好奇那是一家怎样的酒店。

我之后有意识地向别人打听过，也查阅过书籍，发现经常有人说："丽思卡尔顿酒店是一家不可思议的酒店"，也有人形容"丽思卡尔顿酒店有神秘感"。

他们是这么说的：

"丽思卡尔顿酒店的工作人员有惊人的记忆力。我只是几年前住过一次，他们却在我再次入住时就能'××先生/女士，欢迎光临'地叫上名字来，而且还记得我上次打了高尔夫球，真的好开心。"

"刚进酒店时，大堂的工作人员就对我说'尊夫人方才已登记入住'，当时并没有放在心上，但后来想想，为什么他会认识我的妻子呢，太不可思议了。"

"我在餐厅的餐桌前一坐下，一位男服务员就对我说：'今天给您推荐的是这款红酒。'一般情况下都是问'您需要什么饮料'，难道他知道我只喝红酒？"

"打开冰箱时总有种打开自家冰箱的感觉。因为最前面摆满了可乐。为什么知道我喜欢喝可乐呢？不可思议。"

"没有一家酒店的服务能比丽思卡尔顿酒店更让人心情愉悦。"

"我早餐时想吃牛角面包却发现已经没有了，于是工作人员对我说：'明早您睡醒时，我们将牛角面包送到您房间里如何？'第二天早上，我就在房间里吃到了刚烤好的牛角面包，我好感动。"

"我知道酒吧是 12 点关门，但当我在 12 点 10 分没抱多大希望地去看一眼时，工作人员对我说：'虽然 12 点关门，但是您都特意来了，请进来。'真的好开心。"

在听这些奇闻逸事的过程中，我产生了更浓厚的兴趣："丽思卡尔顿酒店竟然会提供这么优质的服务，就像直抵顾客的内心一般。"那时太阁园正好也正计划建造四季酒店。

太阁园没有住宿设施，所以包括我在内的很多员工之前就怀有建造住宿设施的梦想。

但是这项计划因为泡沫经济的崩溃而夭折了。我的梦想也因为经济的越发不景气而破灭了。

尽管如此，"迟早要在优质酒店工作"的想法并没有就此消失，它一直萦绕在我的脑海中。

所以当看到"1997 年　丽思卡尔顿酒店　于大阪开业"这则新闻报道时，我感觉到曾经一度消失的梦想会延续下去。

"现在不是睡觉的时候。"

当一个人怀有强烈信念的时候，他的身体也真的会随之活跃起来。之后我的身体恢复得很顺利。

50 岁还要去挑战新天地，我考虑过其中的动力，我认为它是"既然最好的酒店都来到了大阪，那就要在那里工作看看"的挑战精神，以及患病后失去藤田观光股份公司的所有职位时萌生的"不能就此结束"的反抗精神。

丽思卡尔顿酒店的录用考试

丽思卡尔顿酒店的起源可以追溯到大约 100 年前，当时有一位被称为酒店之王的瑞士人，名叫恺撒·丽思（César Ritz），他想"建造一个让旅客身心舒畅的地方"，于是在巴黎创建了丽思酒店（Hotel Ritz）。

之后丽思酒店和英国的卡尔顿酒店合并，开始进军美国市场。这就是现在的丽思卡尔顿酒店公司（The Ritz-Carlton Hotel Company）。

1983 年，该公司在美国佐治亚州（Georgia）亚特兰大市（Atlanta）设立总部，以"给您另一个家"为理念，目前在世界各地运营着 53 家豪华酒店。

我结束静养后，首先请人为我引见了一位丽思卡尔顿酒店的相关人士，并且攀谈了很多。

但并不是说我找个说得上话的人代为引荐，就能被当场录用。

我后来才知道丽思卡尔顿酒店为了实现"最高的顾客满意度"，在聘用员工方面非常花力气。

为了能在录用时看清人才的资质，公司还进行了心理学等方面的科学性研究。

比如有基于"优质选拔程序"（Quality Selection Process）心理测试的提问。

它是这样一种机制：公司根据接待、办公、营业等职位的不同，进行不同的测试，向应聘者提出几十个与之相关的问题，并根据分数来判断他是否适合这个职位。

我当然也写了简历应聘，并且参加了一系列录用考试。据说当时只录用 600 名员工，却大约有 4000 人来应聘。

我想应聘的营业经理职位大约有 40 位应聘者，大部分都是三四十岁的年轻人，几乎没有我这样上了年纪的人。

我以前从来没有想过自己到了这个年龄还要来参加就业考试，所以面试的时候的确很紧张。

来到会客室，就见正中间坐着总公司的人事部长，是位美国人。两边各坐着一位出资方，都是阪神电铁的董事。我不会英语，他们还为我配了翻译。

面试进行了大约 2 个小时，比我想象的还要漫长。

大概 1 个月后的某天早上，人事部经理的秘书给我打了电话：

"恭喜您被内定录用了。晚上董事想找您洽谈一下。"

真是一通令我开心的电话。

我很久以后才知道，丽思卡尔顿酒店在录用员工时最重视的并不是在酒店业的经验和履历，而是个人与生俱来的资质和性格。他们重视员工能否随机应变、热情待客，是否有上进心，能否积极接受各种培训。

实际上，当时丽思卡尔顿（大阪）酒店的餐厅员工几乎都是应届毕业生，除了像经理这样的一部分要职外，很多人甚至都没有在餐厅工作过。

我既不会英语，又没有在酒店工作的经验，如果没有能加分的地方，他们是不会录用我的。

我认为这个能加分的地方就是我在大阪当地拥有广泛且扎

实的人脉。

很多人在人情方面天赋异禀，我拥有的则是在关西酒店业中的顶级人脉。

自高中毕业以来，我在太阁园工作了 32 年，其间建立了根深蒂固的人脉，而不止是交换名片相识的程度。我想正是因为我有这些人脉才被录用的吧。

对外资酒店的文化感到困惑

1996 年，我进入了丽思卡尔顿酒店。

丽思卡尔顿（大阪）酒店是日本第一家丽思卡尔顿连锁酒店，1997 年在大阪梅田开业。我是在开业前一年半的准备阶段入职的。

我的职位是营业经理，统管酒店的宴会营业部。

开业筹备处最初只有四五名员工。

营业部在开业之前就要面向顾客展开营业活动，所以录用较早。而服务部门是在开业同时展开工作的，所以是在开业前夕才开始录用。这样说来，员工是交错增加的，在开业前 1 个月，酒店已经召集了 600 人。

酒店的终极研修开始于开业前的 1 个月。来自全世界的约 80 名丽思卡尔顿酒店教育负责人齐聚大阪，分部门进行了为期

1 个月的培训。员工们也在开业前住进了酒店，检查服务流程，等待开业。

我要靠自己的双手，尽全力在丽思卡尔顿酒店这个职场中再一次创造出一个崭新的人生。

但这毕竟是我 50 岁时的转行，说实话的确有很多艰辛。

毕竟外资酒店的"文化"有所不同。此前我在纯日式的藤田观光股份公司太阁园工作了 32 年，从 18 岁到 50 岁完全沉浸在它的企业文化中，充满着通俗古老的人情世故。

现在我却来到了一个企业文化一百八十度大转弯的外资酒店，一个冷酷的世界，当初就有掉进一个价值观完全不同的世界的感觉。

而且我是第一次在酒店工作。

我以前工作的太阁园并没有住宿设施，但是通过"旅馆工作者俱乐部"（Hotel Man's Club）也参观过其他一些酒店，所以自认为对酒店工作多少有所了解，不过正所谓"百闻不如一见"。

找回工作节奏的早上 7 点

丽思卡尔顿酒店有一套不可动摇的哲学。

入职之初，总经理就说过："我们酒店的做法和日本不一样。"

到底是什么样的做法？不管怎样，我都认为"熟能生巧"，但事实上在工作上还有一个很大的难关。

那就是语言的问题。

我完全不会英语。但是会议和文件都使用英语，全需要翻译。和外国经理沟通，也都需要翻译来转述，所以我既不能和经理互开玩笑，也说不了真心话。

于是，我每周去上两次私人教授的英语课程。活到老学到老，我从每天早上 7 点开始学习，首先是初中一年级的教科书。

此外，年龄相仿的同事很少这一点也让我觉得空落落的。员工的平均年龄是 30 出头，很少有超过 50 岁的。如果有思考方式相似的同龄人，工作中还能进行一些轻松愉快的对话，但是和同事年龄差得这么多，对话的内容也很受限制。

入职 3 个月来，我每天都在工作，一到下午 4 点半，肩膀就疼痛得厉害。下班时间是 5 点 45 分，在此之前我都对这些疼痛无暇顾及。这种前所未有的精神压力令我日渐消瘦起来。

"也许我坚持不了半年。"

那段日子真的十分艰辛。

但是我如果就此辞职，就是一个失败者。

原工作单位藤田观光股份公司的同事也在关注我的工作状态。总公司的董事们也劝过我，"为什么走？""为什么辞职？"，但是我拒绝了他们的挽留，毅然决然地进入了现在的公司。所以我不能就这么轻易辞职了。

是安田勇次先生给了我鼓励。

安田勇次先生和我同龄，当时是丽嘉皇家（大阪）酒店（Rihga Royal Hotel Osaka）的常务董事兼总经理。我从在太阁园工作的时候起，就一直把他这个同行当作我的目标。

我偶然得知安田先生每天都是早晨7点上班。

丽思卡尔顿酒店营业部的上班时间是8点45分，而我每天8点到。

太阁园的上班时间是9点，我当时一般是9点10分前到。现在8点到，所以一开始我觉得很吃力。

但是我想"安田先生都这么努力，我也要努力才行"。凭着这股毅力我开始每天7点前去上班。

从那以来，直到离开丽思卡尔顿酒店的大约7年时间里，我都是7点前到岗。

早上的1小时是弥足珍贵的。通过7点到8点这一段属于自己的时间，我能找回自己的工作节奏。

比如给前一天交换名片的人寄一封"名片交换感谢信"，然后决定一天的工作步骤，再到营业部去。

在重复做这些事的过程中，我逐渐找回了自己的工作节奏，努力筹备着开业的工作。

大家的努力没有白费，丽思卡尔顿（大阪）酒店在 1997 年 5 月 23 日这一天如愿以偿地开业了。

对顾客绝对 "不说 NO" 的服务

如果用一句话来概括丽思卡尔顿酒店的待客特征，那就是 "不说 NO"。

用 "遵命" "乐意效劳" 来回应顾客的任何要求，无论是多么琐碎的要求都要诚心诚意地对待。

从开业准备阶段，酒店就将 "成为一家不说 NO 的酒店" 作为目标。

一开始我对自己 "能否做到" 半信半疑，但是丽思卡尔顿酒店的前辈们都是这么做的。

这次轮到我用自己的双手营造出 "丽思卡尔顿酒店的神秘感" 了。

假设顾客打来预约电话时不凑巧住满了。

这时如果对顾客说 "非常抱歉，酒店已经住满"，就等于对顾客说了 "NO"。

这种情况下丽思卡尔顿酒店应该建议说："我们酒店已经住满，如果您不介意，我们可以为您打听一下附近酒店的空房和费用，然后和您联系，您看可以吗?" 这样一来，顾客就会对我们的周到服务深受感动。

假设餐厅的午餐点单时间到 2 点半为止，而顾客在 3 点光临。

普通餐厅就会回绝顾客说："抱歉，现在已停止营业，请下次光临。"

但是丽思卡尔顿酒店会对顾客说"既然您都特意来了……"，在点餐时间结束后，仍然为顾客提供食物。

或许每一件都是小事，但是因为所有员工提供的不说"NO"的服务，顾客会被打动，觉得"这家酒店不一样"，下次还会再来。

"个性化" 的服务令人感动

本章一开始就介绍了"丽思卡尔顿酒店的神秘感"：

"丽思卡尔顿酒店的工作人员具有惊人的记忆力。我只是几年前住过一次，他们却在我再次入住时就能'××先生，欢迎光临'地叫上名字来，而且还记得我上次打了高尔夫球。真的好开心。"

丽思卡尔顿酒店的员工的确能叫得出顾客的名字，不管是回头客还是第一次光临酒店的顾客。实际上，当我们叫着第一次光临酒店的顾客的名字去迎接时，有不少顾客会感到惊讶。

然后当顾客走到服务台的时候，我们已经准备好了房卡，顾客几乎不用等就能顺利完成入住手续。

这是怎么回事呢？其实酒店的门童佩戴着小型耳机和对讲机，通过行李签等方式获取顾客的名字后，再以名字称呼顾客以示欢迎，同时通过对讲机通知服务台顾客已经抵达，服务台一接到通知就马上开始着手准备房卡。

行李生通过服务台得知顾客的名字和入住的房间号后，就迅速去搬运行李。

每次看到这样的场面，我都深切地感受到工作是靠一个团队来完成的。

酒店工作需要团体行动，要有门童、前台接待、行李生、客房服务员、营业员、厨师等各种各样的工作人员。

无论多么美味的菜肴，如果服务员招待不周，都会失去本味。将食物趁热送到顾客餐桌上也需要团体行动。酒店比其他职场更重视团体行动、团队合作。

此外，员工要面带笑容地对曾经入住过丽思卡尔顿酒店的顾客谈一些他感兴趣的话题。

所有员工都要时刻谨记这些待客之道，让顾客感到满意。

丽思卡尔顿酒店的员工会把顾客是否满意作为判断自己待客是否恰当的标准，也就是将顾客是否开心、是否幸福作为判断依据。

这需要一种对每一位顾客都给予无比的关怀并为之提供个性化服务的精神。这种精神的具体表现就是进行个性化的问候和对话。

谁都能做到"欢迎光临"这种礼节性的问候，但这种公事化的问候并不能打动顾客的心。

当对方是回头客时，聊一下顾客上次光临酒店时的回忆，说些"××先生/女士，欢迎光临。您上次光临时打了高尔夫吧，得分如何?"之类的话，以此建立与顾客之间的无比友好的关系。

这就是个性化服务的根本。

顾客的感动会带来客源，并口口相传

所谓"个性化服务"，顾名思义，是指根据顾客的个性特点提供最适合的服务。

每位顾客当然都各不相同。

所以必须给每一位顾客以关怀，收集他们的信息，并区别对待。

如果能通过个性化服务俘获顾客的心，就能让他变成"忠实顾客"（Royal Customer）。

所谓忠实顾客是指能为酒店介绍新顾客的顾客，比如他会对别人说："我经常住这家酒店，你要办婚礼的话我帮你介绍。"或者"你要去丽思卡尔顿酒店的餐厅的话，我可以给你介绍一位认识的人"，由此可以得到顾客的协助。

当然，如果员工只是记得顾客的名字和长相，是没办法俘获顾客的心的。

因此，丽思卡尔顿酒店的员工要提供能打动顾客的服务。

不去做超出对方预期的事情，是不会让顾客感动的。

但是一旦产生了感动，顾客就会有印象，就能口口相传。

为什么致力于依赖"人"的服务

我进入丽思卡尔顿酒店工作后总会思考什么是"服务"的问题。

即使都叫"服务"，也分依赖"设施"的服务和依赖"人"的服务。

我认为不管哪种服务都是为了打动顾客。

东京迪士尼乐园是一座在吸引顾客方面位居世界第一的主题公园，据说它存在两种感动。

一种是依赖"物质"的感动，一种是依赖"人"的感动。如果这两者协调不好，就不会有那么多人来玩。

如果不经常更新设施就不能给顾客带来感动。

但是人为的服务引起的感动和设施不同，没有必要总是更新。

加上一旦产生由人际关系引起的感动，它就会长留心间。所以如果能让顾客感动而归，他还会来第 2 次、第 3 次。这就是东京迪士尼乐园的教益。

依赖设施的服务虽然也很重要，但顾客很快就会习惯这种生硬的服务。

假设您来到一家高级酒店或者豪华酒店，一开始肯定会被建筑物的豪华感、室内装饰的美感、日常用具的质感打动吧。

但您去上两三次就会习惯起来，心里会觉得这些硬件"不过如此"。

如同您刚买下高级公寓的时候肯定觉得很幸福，但住久了并不会感到多开心一样。

丽思卡尔顿（大阪）酒店是一座外观闪耀着银白色（Silver White）光芒的摩登大楼。进去后画风为之一变，笼罩着 18 世纪英国贵族宅邸般的优雅氛围。

被精心打磨的棕红色大理石地板、使用了大量红木（Mahogany）的墙壁、角落处设有壁炉的大厅、18 世纪的欧洲绘画和古玩（Antique），这些布置营造出一种独特的风格和温馨的氛围，的确称得上世界闻名。顾客走进来肯定会被打动。

但是只要顾客来上两三次，就会习惯这种氛围。

所以我认为最重要的是软件上的服务。

这正是我们要重视来自人心的温馨服务和符合顾客需求的个性化服务的原因。

惭愧的是，我进入丽思卡尔顿酒店后才学到这些东西。

我到了 50 岁才意识到服务是一门如此深奥的学问。

奉行真正的顾客至上主义

当然每个酒店都会把"提升服务水平"挂在嘴上。

但这句话本身就很含混不清，很容易变成一句空话。

我们要深入思考具体怎么做才能做好服务的问题。

要想做得比其他酒店好，每一位前台接待、门童、餐厅员工、宴会服务员和营业员都必须思考让顾客开心和感动的方法。

服务如果空有形式，就会被易如反掌地模仿。

比如，四季酒店进军日本市场时，实施了日本国内酒店从未有过的 24 小时客房送餐服务（Room Service）体制。于是不到 3 个月所有大型酒店都开始了同样的服务。

但是，普通酒店的菜单上却只有乌冬面、饭团、幕之内便当①以及三明治这样简单的东西。

---

① 幕之内便当：一种在小份袋装饭团上添加黑芝麻，菜里没有水分（如煎蛋、鱼糕、红烧菜、照烧菜等）的便当。名字来自戏剧幕间演员们吃的便当。

原因是如果不这样酒店就不划算了。要提供像样的食物，夜间就需要两三名服务员和几名厨师待命，就需要支付更多工资，很不划算。所以酒店只好准备不怎么需要人手的简单饭菜。

但丽思卡尔顿酒店在夜间也准备了和平常相同的菜单。只要顾客半夜说肚子饿了，酒店都会把是否划算置之度外地提供服务。

实际上，如果有重视顾客的心，这样做就是理所当然的。

不这么做的酒店是因为优先考虑了自己的情况。

不止是酒店，几乎所有企业都是一边高唱着顾客至上主义，一边提供着符合自己情况的服务，不提供自己做不了的服务。

其中最典型的例子就是用"我们不会做"或者"我们没做过"这种托词。

这就相当于对顾客说"NO"。被回绝的顾客当然会不满。

假设顾客说"我今天不舒服，请不要提供油腻的食物"。一般酒店的厨师长肯定会说"没有这些食物，去回绝掉吧"。但是丽思卡尔顿酒店会满足顾客的要求，提供不油腻的食物。

如果酒店发自内心地重视顾客，即使是半夜 1 点，也能够做到对顾客说"遵命"。

正因为重视顾客，所以即使酒店的酒吧已经歇业，店员还是会对顾客说："您都特意来了，请进来喝一杯啤酒再走吧。"

只是理所当然地去做分内之事

我所负责的营业工作无非是一种个性化服务。

酒店并不会频繁地举行婚礼、宴会或者活动。招揽顾客当然很重要，在举行宴会或活动之前加深与客户之间的人际关系同样重要。

丽思卡尔顿酒店这块招牌再有魅力，如果负责人只是公事化地对待顾客而没有抓住顾客的心，顾客甚至会取消预约。

所以在诚心诚意地满足顾客需求的同时，要多方留神，预测顾客没有说出口的要求和愿望，并提出建议。

比如顾客非常在意出席宴会时的着装，往往只关注"着装"本身，但事实上通过改变会场的背景墙，或幕布的颜色和质地的配搭，即使顾客穿着同一身衣服，其给人的印象也会完全不同。

所以我们要事先告诉顾客"会场的背景墙是乳白色，所以我认为您穿深色调的礼服比较适合"之类的信息，这也是我们的一项重要工作。

但事实上也发生过这样的事。

在一次派对上，我们听说主宾穿的衣服在当时正在准备的会场舞台上会不太显眼。

我们不能要求顾客改变着装。而且由于某种原因，那位顾客非常希望穿那件衣服。

这种时候我们要做的就是立刻着手改变会场，以让顾客的服装看起来耀眼夺目。

虽然也可以选择不改变会场，继续让顾客穿那身服装登场亮相。

但是，宴会对于主宾来说就是一个隆重的舞台，我认为让他光芒四射才是真正的服务精神。

知道这件事后，那位顾客非常开心。派对也大获成功。自那以后，这位顾客就与我们保持着非常密切的往来。

也许这就是旁人眼中的"丽思卡尔顿酒店的神秘感"。

但是这不是什么不可思议的事情。

在丽思卡尔顿酒店工作的过程中，我逐渐能够将这些事看作自己的分内之事了，也慢慢觉得必须做这些分内之事。

个性化服务的本质是"关怀"

我在丽思卡尔顿酒店工作学到的东西可以用"关怀"这个词来概括。

可是，所谓"关怀"到底是什么呢？它和"关照"有什么不同呢？

"关怀"在字典中的解释是"充分考虑对方的心情，周到地处理预测到的事"。

我认为这正是服务的出发点，同时也是被世人称为绅士和淑女的人们所具备的气质。

另一方面，"关照"的解释是"为了防止犯错或失败而处处注意，事事小心"。

这是最起码的要求。

对一位牙疼的人说"您最好去医院看看"，这是"关照"。

但是"关怀"包含着百分之百的爱。如果对方是您的丈夫、妻子、孩子或恋人，此时您会带他（她）去医院。因为此间有爱。这是"关怀"。

没有爱，就不会深情招待。

"关照"是最起码的礼仪，想要打动顾客，就必须超过这种程度，用饱含爱意的"关怀"提供有深度的服务。

要提供有深度的服务，就要不拘泥于员工手册。

做到"关怀"，就能超越员工手册。

为此，需要掌握一定的哲学知识，平时需要思考自己应该怎么做。

要制定出一套行为规范，不断深入思考怎样才能让顾客开心、幸福。

另外，对于有深度的服务来说，差别化对待、个性化对应是不可或缺的。

顾客中有男性、女性，年轻人、年长者等各种各样的类型，针对不同的顾客当然要采取不同的服务方式。

所以光是遵循员工手册是行不通的。

因为这是一个需要依靠应变能力的世界。

"顶级服务"的品牌会产生利润

丽思卡尔顿（大阪）酒店的服务费占比 13%，而多数酒店的服务费通常只占 10%，所以我们高了 3%。即使这样顾客还是会来，因为顾客认可丽思卡尔顿（大阪）酒店的服务。

丽思卡尔顿（大阪）酒店的年营业额有 110 多亿日元，服务费多收 3%，就相当于多收了几亿日元。这几亿日元就是纯利润。

一般的酒店靠寻常的做法提高不了几亿日元的纯利润。恐怕必须要增加几十亿日元的营业额才行。如果是从一无所有徒增几十亿日元还行，要在成百上千亿日元的基础上再提高将近 10 亿日元的营业额，就是一件极为困难的事了。

而丽思卡尔顿（大阪）酒店通过个性化服务提升酒店自身的价值，并打造成品牌，使之成为现实。

商品一旦拥有了自己的品牌，即使价格昂贵也能让顾客心满意足。

假设有一份 5000 日元的料理。

如果这份料理味道鲜美、摆盘漂亮、器皿精致、服务员笑容可掬，服务员还深知顾客的口味，为其准备喜爱的饮料，事先得知顾客的生日后，在他一落座时就对他说一句"生日快乐"，那么这份 5000 日元的料理即使标价 10000 日元，顾客也不觉得贵。

这额外添加的 5000 日元就是"顶级服务"的价值，就是"顶级服务"的品牌价值。

所以，丽思卡尔顿酒店对以关怀为中心的个性化服务特别讲究。

其他酒店做不到这种程度。

所有员工都在极致追求和研究这种针对顾客的关怀。丽思卡尔顿酒店正是因为拥有这种风气以及培养这种风气的机制，所以很强大。

第 **2** 章

为什么丽思卡尔顿人
能抓住顾客的心

为完成超越员工手册的工作而存在的 "信条" 机制

丽思卡尔顿酒店令人感动的服务具体体现在每一位员工的关怀上。

所谓关怀并不是说一句 "从明天开始请大家要有关怀之心" 就能做到的。

但是只要在丽思卡尔顿酒店积累了一定的经验，几乎每个人都会有关怀之心。为什么丽思卡尔顿酒店的员工会有关怀之心呢？

其奥秘就是基于 "Credo" 的经营手段，Credo 可以译为信条或哲学。

也就是说，所有员工在信条的价值观念下，都在尽全力提供让顾客满意的服务。

这会让大多数顾客感动，进而产生回头客甚至忠实顾客。

丽思卡尔顿（大阪）酒店在竞争激烈的酒店行业中，即使价格位于当地最高水平，顾客仍然络绎不绝。

这无非是因为我们提供了基于信条的优质服务。

说出来有些难为情，我在刚进入公司时并没有重视这部信条，甚至应该说并没有理解。

刚到丽思卡尔顿酒店工作时，总经理给了我一张袖珍卡片。

它被称作"信条卡"，上面记述了丽思卡尔顿酒店的经营理念和行动准则。考虑到便于携带，卡片被折叠成3层，变得和名片差不多大。

"我们酒店的运营是以信条为中心的，和日本其他酒店的做法不一样。"

总经理这样告诉我。但我读了一下"信条"后，并没有发现什么特别的内容。

"丽思卡尔顿酒店以真诚地接待顾客和为顾客提供舒适感为最重要的使命。"

我觉得这是理所当然的事，认为"它也属于公司的宗旨和规范之类"。总之，我感觉它只不过是一个空洞的"标题"而已。

我当时心想，"虽说经营的是外国一流的酒店，可是连日本，甚至大阪都不了解，却想贯彻自己的主义和主张，想必不会顺利吧"，"关键时刻还得是日式的经营方法起作用"。因为我对自己之前的经营方法有足够的信心。

然而，临近开业的某一天，我被总经理叫了过去。在丽思卡尔顿酒店，总经理会对经理进行每个月2到3次，每次1个半到2个小时的面谈形式的培训。

"林田先生，你是如何向部下指导信条上的内容的？"

我想都没想过这个问题。

被这么一问，我不知所措。当然，我脑海中能流利地想起信条上的句子。

"丽思卡尔顿酒店以真诚地接待顾客和为顾客提供舒适感为最重要的使命。"

但这句话到底是什么意思呢？

无论读多少遍信条，我都觉得上面只是写了一个酒店人（Hotel Man）理应做的事。

所以我当时只是停留在"明白了，明白了"的认识程度。

然而，我不能就这么对总经理说出我的真实想法。

总经理接着问道：

"林田先生，你是如何具体向部下解释'真诚地接待'的呢？"

听到"具体"这个词，我哑口无言。"具体"是指在日常工作中根据信条如何做的，开始了哪些行动。

我当时深深认识到了自己对信条的一无所知。

仔细想想，"真诚地接待"到底是怎样的接待呢？"舒适感"究竟是指什么呢？

顾客会在什么时候感到舒适呢？

以前我只是觉得，"舒适"就是冬天有恰到好处的暖气，夏天有凉爽的空调。但对每一位顾客来说，"舒适感"是因人而异的。

这时我才第一次意识到信条是多么重要。

信条不会事无巨细地写上"请那样做，请这样做"，但却浓缩着所有工作的基本方针。

每个人如何各自绞尽脑汁地理解这些基本方针，并运用到日常工作中，是非常重要的。

哲学和信条本来就是如此。

虽然不会写上详细的指示，却可以根据它来反观一切行动。

它就是为提供超越员工手册的服务而存在的一种机制。

对照信条思考每天的行动

在这里，我先介绍一下信条的由来。

1983年，丽思卡尔顿酒店公司成立之初，以霍斯特·舒尔茨（Horst Schultz）董事长为主的七八位创始人聚在一起，反复讨论了以下几个问题："什么样的酒店才会让顾客经常想去，并想推荐给别人？""为此需要什么样的信条和经营哲学？"

根据这些议题，诞生了以"丽思卡尔顿酒店以真诚地接待顾客和为顾客提供舒适感为最重要的使命"这句话为首的信条。

此外，信条卡还有具体阐释信条的"服务三步曲""员工之约""格言""丽思卡尔顿酒店基本原则"（The Ritz-Carlton Basic）等。它们被统称为"黄金准则"。

它们一直占据丽思卡尔顿酒店经营理念的中心位置。不管是换了总经理、住宿部长、营业部长，还是董事长，信条的思想都不会有丝毫改变。

在日本的很多酒店，一旦换了总经理，工作的方式和方法也会随之改变。

而在丽思卡尔顿酒店，虽然有一些人事微调，但在基本的工作态度上不会有任何改变。所以对工作没有影响。

现在世界各地的丽思卡尔顿酒店的员工数量多达 17000 人，每一位员工都会随身携带信条卡，当有什么不懂的地方或者疑问时，就会打开它来看。

想要把经营理念和行动方针熟记于心，需要随身携带并反复阅读信条卡，还要结合自己的行动进行思考。

很多公司每天都在早会上朗读公司的宗旨和规范。但这究竟有没有用呢？

不能只知道信条和哲学的表面意思，还要理解它们并应用于实际工作当中，否则毫无意义。

仔细阅读信条能知道该做什么

让我们来实际解读一下这部信条。

"丽思卡尔顿酒店以真诚地接待顾客和为顾客提供舒适感为最重要的使命。"

简单来说就是"最重视给顾客一种舒适感"。

所谓"最重视"是指最先考虑顾客的满意度。

但是知易行难，毕竟这是服务的真髓，不可能轻易做到。

其实我以前就注意到了这一点，并强迫自己应用在每天的行动上，但觉得"它归根结底只是一个空洞的标题"，所以并没有重视。

那么，如何把这句话应用在行动上呢？

举一个例子，我在第 1 章已经提到过，对顾客的要求不说"NO"。无论顾客提出什么要求，都要回答"遵命""乐意效劳"。即使是琐碎的请求，也要诚心诚意地对待。

我们最重视顾客的"舒适感"，所以没有比这个更重要的了。因此，在丽思卡尔顿酒店，为了让顾客感到"舒适"，绝对不能对顾客说"NO"。

然而，不对顾客说"NO"未必只是体现在满足顾客的要求上。事实上，也有一些顾客的要求在客观上难以满足。不过即使在这种情况下，也要提供可代替的方案，让顾客感受到等同于要求被满足的舒适感。

信条接着写道：

"为了能够让顾客身心舒畅，酒店气氛高雅，我们承诺提供最好的个性化服务和最好的设施。

"丽思卡尔顿酒店有一颗服务的心：预知并应对顾客的感受，即顾客发自内心的惬意和充盈的幸福感，以及顾客没有说出的愿望和需求。"

"最好"这种说法，不是表示酒店一方的感觉，而是顾客感受到的"最好"。

所谓"发自内心的惬意"，具体来说是指赏心悦目、芳香扑鼻，佳肴美味、音乐动听、沙发舒适等。

进一步说，如果一字一句地去斟酌，提起"舒适"，脑海中就会依次浮现出绘画带来的优雅感、鲜花带来的优美感、随处都一尘不染的惬意感，早上爽朗的音乐、中午动感的音乐、傍晚平静的音乐，以及员工迷人的微笑、熨烫平整的制服和端庄的行为等。

顾客看到这些一定会觉得"气氛真好啊""好舒服啊"。

这样一来就只剩下如何把它付诸行动了。

我在这么想了一番之后，才逐渐理解了丽思卡尔顿酒店的经营哲学和信条。

与此同时，我也终于明白了要想真正掌握信条，必须这么做。

原则是让员工有幸福感，否则不能给顾客带来幸福

通过观察丽思卡尔顿酒店的员工，我发现了一件事，那就是所有员工总是保持微笑。这样一来，顾客一定会觉得"这是一家不错的酒店"。

按照日本的企业风气来看，即使知道"他没有笑容""她很阴郁"，也只会说一句"没有办法，他（她）就是这么一个性格"而已。

但是，如果顾客遇到服务态度特别好的员工就会觉得"这是一家不错的酒店"，如果不走运碰上没有笑容、性格阴郁的员工就会觉得"这是一家糟糕的酒店"。

因此，重要的是全体员工的笑容，而不是少数员工的笑容。

为了实现这个目标，固然要录用热情亲切的人，但还有比这更重要的事项。

试想一下，为什么丽思卡尔顿酒店的员工能够一直保持微笑呢？

因为丽思卡尔顿酒店在让顾客满意的同时，也在努力地让员工满意。

丽思卡尔顿酒店的基本教育理念是：为了真诚待客使其满意，必须让员工自身也真心感到满意。

否则不能让顾客发自内心地感到满意。

如果员工抱着对现状不满的态度来待客，这种情绪很快就会传给顾客。

但是，如果员工工作得很幸福，那么他也会想让顾客感到幸福。

顾客满意和员工满意其实是一回事。

事实上，信条卡上还写着一句格言：

"We Are Ladies and Gentlemen Serving Ladies and Gentleman."

意思是"光临我们酒店的顾客都是绅士和淑女，为这些顾客服务的我们也应该是绅士和淑女"。

也就是说，如果员工被当作绅士和淑女，他们也会以此来待客。

丽思卡尔顿酒店把员工看作酒店内部的顾客。经理对员工怀有敬意，仔细倾听他们的心声，并予以支持。形成这样的环境之后，员工也能积极地去接待外部的顾客。

如果员工总是被经理训斥说"对顾客笑脸相迎""不可以说NO"，自己的意见不被听取，或者没有被当作一个人来对待，会怎么样呢？他们绝对不会积极待客。

员工不是用人。

他们也许曾经被当作用人，但是在这个时代，如果把员工看作用人，会使他们丧失工作欲望。

为什么要不遗余力地对员工实施教养、品格等方面的教育

丽思卡尔顿酒店要求员工成为绅士和淑女的另一个理由在于酒店认为只有绅士和淑女才能懂绅士和淑女。

要想让顾客发自内心地开心，就必须知道他们想要什么，喜欢什么样的装饰、日常用品、菜肴、红酒、白酒和话题。

光临酒店的顾客大多拥有一定程度的社会和经济地位，所以接待他们的员工也必须是绅士和淑女。事实上，据说丽思卡尔顿酒店公司在创立之初，制定了以位于社会顶层5%的人作为消费群体的经营战略。

我在丽思卡尔顿（大阪）酒店担任过营业经理和营业总经理，见过很多拥有社会和经济地位的人，他们见多识广、经历丰富。不仅经常来往于国内外，还总是名牌服饰加身，在高档餐厅用餐。

为了了解这些人的需求，我们也要成为绅士和淑女，拥有同等程度的教养和品格。

因此，丽思卡尔顿酒店为了让员工成为绅士和淑女，总是不遗余力地对他们进行培养。

另外，丽思卡尔顿酒店会调查员工是否对身为绅士和淑女感到满意。这个"员工满意度调查"每年实施数次，在全世界

的丽思卡尔顿酒店同时进行。员工可以以匿名的形式在问卷调查上真实地回答对现状是否满意。问卷调查涉及八九十项内容，每次调查的内容都有所不同。所有问卷都会被寄送到美国总部。这样一来每个酒店和部门的员工满意度就会一目了然了。

假如某个部门的满意度非常低，总经理就会把那个部门的经理叫过去，提一些像"你们部门的交流不够""你的领导能力不足"之类的意见，并命令其整改。

提高顾客和员工的满意度会增加营业额

一提起"提高顾客满意度""提高员工满意度"，就有人会产生"这样能增加营业额吗？"之类的疑问。

但是根据我在丽思卡尔顿酒店的经验来看，"CS（Customer Satisfaction，顾客满意度）+ES（Employee Satisfaction，员工满意度）=营业额、利润"。

在描述追求顾客满意度的词语中有个词叫"Customer Focus Culture"，意思指"创造重视顾客的企业风气""创造以顾客为中心的企业文化"。

具体来说就是，所有部门达成共识，以关怀之心完成优质工作，制作优质菜肴，提供优质服务，进行优质管理等。

这样就可以和其他竞争者拉开差距。

有了差距，顾客就会聚集而来，营业额也会增加。另外，还可以高价出售自己的商品和服务。由于没有必要以价格与其他酒店竞争，所以也不会被卷入价格战中。

另一方面是员工的满意度。要提供优质服务，就像刚才所说的那样，需要员工发自内心地感到满意。员工如果没有发自内心地感到满意，就不会让顾客感到满意。

当从心底感到满意的时候，顾客就会成为回头客甚至是忠实顾客。持续增加的忠实顾客自然会提高营业额，产生更多利润。

所以，如果正在阅读本书的您是经营者，我建议您在考虑顾客满意度的同时，也应该注重提高员工的满意度。

这并不限于酒店业和服务业。

如果员工感到幸福，并且积极待客，那么顾客也会感到幸福。

如果顾客感到幸福，就会再来。

所以只有同时提高员工和顾客的满意度，才能获利。

对寒暄方式极其讲究

下面我来介绍一下"黄金准则"中的"服务三步曲"：

1. 热情、真诚地寒暄问候，并称呼顾客的名字。

2. 预测和满足顾客的需求。

3. 向顾客亲切道别，真诚地寒暄说再见，尽量称呼顾客的名字。

实际上，我对"服务三步曲"最初的印象和初读信条时是一样的，认为："这难道不是理所当然的吗？"

然而，丽思卡尔顿酒店的规则就是要在所有情况下，所有员工对所有顾客提供这些理所当然的服务。

我觉得自己也必须做到这些要求，于是开始逐字逐句地思考其中的深意。

比如第 1 项和第 3 项中的"真诚地寒暄"这一主题。

我在读到第 1 项时，虽然能想象遇到顾客进行寒暄的情景，却非常苦恼究竟怎样做才是"热情、真诚地寒暄"。

我经常在商场的员工培训中看到，所有人排成一列同时大声喊着"欢迎光临""谢谢惠顾"。一般认为这是一种非常有礼貌、令人愉悦的寒暄方式，但这究竟是不是"热情、真诚地寒暄"呢？

在小酒馆等场所，经常会有所有店员同时喊"欢迎光临"的情况。一开始或许会让人觉得开心，但如果重复很多次，就会让人觉得痛苦了。

更何况店员并没有看着顾客。虽然声音大，声调却总是单调乏味的。总之不管谁进来，都是"欢迎光临"。

这样的寒暄没有关怀之心。

所有员工都大声地寒暄，乍一听觉得不错。比如在餐厅里向顾客寒暄时，没有看着顾客的店员也会说"欢迎光临""谢谢惠顾"。

但这不能说是"热情、真诚地寒暄"。员工正收拾桌子，或者正端着盘子，背对着顾客，就算说了"谢谢惠顾"，也根本算不上寒暄。

寒暄时要放下手头的工作，面朝顾客。

进一步说，面对不同的顾客时，音调和笑容也应该相应地改变。只要仔细观察和把握顾客的神情，就会自然明白自己到底该怎么做了。

对带着一家人来吃饭的年长男性说的"谢谢惠顾"与对约会中的年轻情侣说的"谢谢惠顾"应该有所不同。

通过感知顾客的个性和状况，寒暄的方式也要随之改变。

我认为这才是真正的服务。

像这样记住顾客的名字

关于"服务三步曲"中的"尽量称呼顾客的名字"这一点，我是在自己的实际体验中理解的。

年轻的时候，我做过太阁园的前台接待，当时的目标是

"记住在太阁园见过的所有顾客的长相"。

当时我都是事先记住"开白色皇冠来的顾客叫作××""开蓝色奔驰来的顾客叫作××",等车停在门口,"××先生/女士,欢迎光临""××先生/女士,恭候您多时了",当我像这样叫着他们的名字的时候,顾客都会非常开心。

就算是第一次光临的顾客,我也会提前记住他们的社徽或徽章。"您是来自松下电器的顾客吧,谢谢惠顾""您是来自日本生命保险公司的顾客吧,请在××就坐",当我像这样迎接他们的时候,顾客也会很开心。

只要针对每位顾客的情况进行寒暄,而不是千篇一律地说声"欢迎光临",顾客对酒店的印象就会大不相同。

有顾客经常说"去太阁园能见到林田先生您,就会感到安心",我对此感到非常荣幸。

每当我在丽思卡尔顿酒店读到信条卡上的这一项时,年轻时的经历恍如昨日般记忆犹新。

如何掌握和预测顾客的需求

接下来,让我们思考一下第 2 项中的"预测和满足顾客的需求"。

如何迅速准确地理解顾客认为重要的事,提供相应的服务,并且思考是否能够一直提供这些服务，是非常重要的。

这些正是能否使顾客感到满意的决定性因素，也是令顾客满意的关键。

做到这些，不仅可以使顾客成为回头客，还能获得他们把酒店推荐给其他人的机会。

然而，顾客的需求总是因人而异的。例如，有些顾客会说"我不喝酒精类饮料，喜欢喝矿泉水"；有些顾客入住时会说不要软枕头，要硬枕头；还有些顾客想要浴衣，想要住与往常同样的房间，想多要一点毛巾等。还有的需求是"不要打扰我，我想安静点"。

那么，如何掌握这些需求呢？

归根结底，需要员工的关怀之心。

要去思考"做什么才能使顾客感到开心"，而不是按照死规定去待客。

接触顾客时，也就是带他们去房间或有机会聊天时，能否察觉到顾客的需求，如何从顾客那里获得信息，是能否令顾客满意的决定性因素。

酒店内部为此取消了现代化的要素。既没有安装自动门，电梯和厕所也被设置在不容易发现的地方，还没有指示标志。其用意是根据"给您另一个家"这一理念，把酒店装扮成顾客的私人空间，同时也是增加员工与顾客接触机会的战略考虑。

因为没有指示电梯位置的标志，所以需要员工为顾客带路。这时，员工会尽力亲切地与之交谈，建立私人关系，掌握顾客的信息。

如果顾客不喝酒，即使向他建议"这个啤酒很好喝，请享用"，顾客也不会开心。

如果知道顾客不喝酒却对咖啡很讲究，那么为他挑选和准备很多种咖啡，顾客就会觉得你很关心他。

信条最后还有一句话：

"预测和满足顾客没有说出的愿望和需求。"

一开始可能觉得很难做到，但是常备关怀之心，不断考虑"做什么才能使顾客感到开心"，就能渐渐磨炼自己的感性，明白顾客的需求。

掌握了顾客的需求之后，丽思卡尔顿酒店会把这些信息共享给所有员工。

假设有一位已经多次入住的顾客 A。提供客房清扫服务（Room Maid）和客房送餐服务（Room Service）的员工会把自己掌握的顾客需求写在笔记上，负责顾客信息管理的部门则把这些笔记数据化，然后储备下来。全世界的丽思卡尔顿酒店都会共享这些信息。

于是，当 A 下次光临时，酒店就能得知和处理以下情况：

他上次要荞麦壳枕头，这次就预先准备好；他平时读《日本经济新闻》；多准备两条浴巾；在房间里准备睡衣而不是浴衣……

丽思卡尔顿酒店的每家酒店都在尽可能细致地掌握回头客喜欢枕的枕头和爱读的报纸等嗜好。

这样一来，每次入住登记的时候，顾客就可以省去很多繁杂的过程，什么都不用说自己的要求就能被满足，获得一种"像在自己家一样"的舒适感。

实践信条的训练①
所有员工都要学习满两天的经营哲学

到此为止，我想您已经大致理解了丽思卡尔顿酒店提供关怀服务的机制。

其根本就是信条。

然而，即使明白这部信条需要自己去具体领会，可一旦实践起来，就会切身感到它并不简单。

我以前就是如此。

因此，丽思卡尔顿酒店为了使员工掌握信条，开设了训练课。

接下来让我们介绍一下这些训练课，看看实践思想和信条所需的办法。

在普通企业，新员工进入公司后会接受一段时间的培训，培训结束之后，会跟着老员工在现场实习，掌握实际的业务。

而临时工或兼职人员一般不会接受培训，都是当天直接去上班的部门，照葫芦画瓢地开始工作。也就是所谓的 OJT①。

然而，如果只是学一些点餐的方法或摆盘的方式，他们就提供不了使顾客称心的服务，更别说带有关怀之心的服务了。

临时工或兼职人员一般给人的感觉是对公司没有归属感，只是在规定的时间内工作和领工资。说实话，他们有时候连关照都做不到。

但是，在丽思卡尔顿酒店，新员工自然不用说，连临时工和兼职人员被录用后也不会立刻被派到现场工作。

员工入职后最先做的是用两天学习信条的思想和哲学。他们会被教导"丽思卡尔顿酒店是靠这些思想运营的，你们也要充分理解这些思想"，之后才被分配到各个部门。即使是兼职人员，也会被当作重要的员工进行训练。

让员工学习经营哲学，虽然看起来不合理，但一旦学习了经营哲学，他们就会明白为什么必须对顾客笑脸相迎，为什么必须思考顾客的需求。

并且明白为什么每个人都必须成为绅士和淑女。每个人都会去思考绅士和淑女的行为应该是什么样。

----

① On-the-Job Training，直接在岗位上进行培训。

绅士和淑女具体指什么样的人呢？应该是"有风度的人""有教养的人""有关照之心的人""有关怀之心的人""富有感受性的人""温柔的人""有气量的人""有时尚品味的人"。一言以蔽之，就是"理想的人"。

　　于是，员工们就会为了成为理想的人而日夜磨炼自己。当被要求改进自己的发型或服装时，由于理解了丽思卡尔顿酒店的哲学，他们不会有任何怨言。

　　很多企业并没有对临时工和兼职人员进行过这样的教育培训。

　　它们认为既然是临时工和兼职人员，待客水平有些不足，工作做得不好也没有办法。

　　但是，顾客不会注意接待自己的到底是正式员工还是兼职人员。因此酒店并不能因为是兼职人员就允许他降低服务品质，要一直追求能让顾客满意的服务才行。

　　不管是临时工还是兼职人员，在认真学习信条、积累经验的过程中，都会自然而然地具备关怀之心的。

　　而且，通过接受完备的教育，员工就会在工作中抱有紧张感，也可以消除"反正我是临时工，即使有些地方做不到位也没有办法"的侥幸心理。

实践信条的训练②
入职第 1 年要接受 300 小时的训练

学完信条进入工作现场后，还必须在第 1 年接受总计 300 小时的训练。

这个训练不仅针对没有经验的新人，从别的酒店跳槽过来的员工和经理都要同等对待。

在员工被分配到部门之后，有负责训练的培训师（Trainer）。培训师是长期接受"培训师技能培训"的员工，他们会一对一地训练员工如何将信条应用在日常业务中。

具体而言，培训师要在员工实际操作时待在旁边对信条进行说明。总之，就是要在工作现场教会他们如何应用信条。

此外，培训师还要从实际业务到自我启发上教会他们更多东西，比如面对顾客的需求绝不说 NO 并满足他们愿望的方法、临机应变地解决麻烦的方法、团队合作的方法等。

而且还要定期考试。考试时首先询问他们作为员工应该掌握的最低限度的知识。这些知识包括餐厅、酒吧、商店的营业时间，健身房的位置和预约方法等，都是顾客经常会问的问题。

如果在顾客问你的时候回答"请稍等，我这就去帮您问"，顾客是不会满意的。

另外，在考试时也会问一些与信条有关的问题。比如把信条中句子的一部分变成空白，填上适当的词语等。

实践信条的训练③
将信条与实践相结合的"每日例会"

丽思卡尔顿酒店的总部和所有分店每天都会举行"每日例会"（Daily Lineup）。

它是餐厅和客房管理等各个部门进行的约 15 分钟的会议，也是一种将信条与实践相结合的训练。

所有员工都要参加每日例会，这时会用到信条卡。

在员工随身携带的信条卡上写着以"丽思卡尔顿酒店基本原则"为题的 20 个原则。

其中具体列举了服务的理想姿态，比如"'保持微笑，因为我们正站在舞台上。'始终积极地对视顾客的目光。无论是对顾客还是对同事，都要用词得当（比如'早安''遵命''谢谢惠顾'等)。""在酒店里，当顾客询问场所时，不能只是指给他看，还要陪同前往。"

或许会有人认为所谓用到信条卡，就是全体员工照本宣科地跟着读，但事实并非如此。

训练主要着眼于培养员工在工作现场的关怀之心。

每日例会上会让员工就 20 项行动指南中的 1 项，讲述自己亲身体验经历过的实例，或者报告其他员工的实践状况。

在"丽思卡尔顿酒店基本原则"上出现的内容，全都是顾客对丽思卡尔顿酒店的期待。

只要始终如一地去实践这些条目，就能使顾客满意，让他们想再次光顾。可以说平时的工作就是去实践这 20 个原则。

因此，让我们彻底思考一下这 20 个原则。

比如说有这样一个报告。在丽思卡尔顿（大阪）酒店有一位"不喜欢羽毛枕头，想用荞麦壳枕头"的顾客，酒店马上为他提供了荞麦壳枕头。这位顾客下次无论光临世界上任何一家丽思卡尔顿酒店，员工们都会知道要为他准备荞麦壳枕头。

由此可以得知，这是符合"丽思卡尔顿酒店基本原则"第 12 项"为了提供最好的个性化服务，员工有责任发现每位顾客的喜好并记录下来"的行为。

要像这样反复进行将信条和日常行为相结合的训练。

如此一来，员工不仅能熟记信条卡，还能将上面的内容看作"自己的事"，并应用到实际行动中。

让员工产生自豪感的"五星制度"

丽思卡尔顿酒店有评选优秀员工的"五星制度"。

优秀与否的基准取决于员工有没有在实际工作中实践信条。

丽思卡尔顿酒店员工的胸前都别有酒店的标志，而被称为"五星员工"的优秀员工的胸章上则镶嵌着五颗星。

"五星员工"每 3 个月评 1 次，每次选 5 个人。丽思卡尔顿（大阪）酒店有 33 个部门，首先由每个部门推荐 1 个人作为候补。

然后各个部门的经理或部长级人物进行"A 做了这样的事被顾客表扬了""B 总是做让顾客开心的事"之类的宣讲，并从中选出最优秀的 5 个人。

一旦员工被评为堪称全体员工楷模的"五星员工"，他们就会带着自豪感去工作。另外，酒店还会向顾客推荐说："A 是五星员工，有什么事请尽管吩咐。"这样一来员工本人也会觉得很开心，会比以前更加有干劲地工作。

以每 3 个月选出 5 人的进度来看，每年就会产生 20 位"五星员工"。酒店还要从中进一步选出 5 位"最优秀的五星员工"，并在他们胸章的五颗星上镶上宝石。

这样一来，这些员工的行动将会令人刮目相看，以更大的自豪感投入工作。

员工遇到麻烦时要有判断权和职责意识

虽然丽思卡尔顿酒店每天都在追求优质服务，但要说从来没有失误或是没有受到过投诉，那是假的。

比如餐厅上了顾客没点的菜，顾客已经到了还没有准备好接待室。不管如何细心，只要是人，就不可能没有失误。

处理麻烦或失误的根本在于"授权"（Empowerment），就是"给予职权"，通常被称为权限转让。

这些事项也被规定在信条里。丽思卡尔顿酒店基本原则的第 10 项和第 13 项所述分别如下：

"每一位员工都被赋予独自判断和行动的权力（授权）。当面对顾客的特殊问题或需求而必须偏离自己的正常职责范围进行处理时，员工务必接受和解决。"

"绝不失去任何一位顾客。当场迅速平息顾客的怒气是每一位员工的职责。员工要设身处地地接受顾客的怨言，圆满解决顾客的问题，并予以记录。"

也就是说，员工必须把顾客遇到的问题和愿望当作自己的事情来对待。一旦遇到这样的顾客，不管自己是临时工还是正式员工，不管与自己的部门有没有关系，都要去应对。

一旦员工把酒店的麻烦当成了自己的事情，就必须迅速且恰当地予以解决，直至令顾客满意。

这个时候最重要的是员工是否被赋予了解决问题的权力。

假设餐厅里的女服务员不小心把汤汁撒到了顾客的衬衫上。在这种情况下，这个女服务员就要负责到底。

这正是最大限度发挥关怀之心的时刻。

递上名片，把顾客的衣服拿去干洗，端上从商店里买来的茶和点心，衷心地赔礼道歉。

丽思卡尔顿酒店为了防范类似的麻烦，会赋予所有员工最高使用 2000 美元（20 多万日元）的决策权。这是他们发挥关怀之心的预算。

这一决策权就是"授权"。

在顾客投诉时，员工不用专门请示上司就可以当机立断地负责到底。

如果每一位员工都把自己当主人，其行动会大不相同

员工在处理投诉时并非只会用到决策权，还有下面这种带有纯粹关怀之心的方法。

下面介绍一下在位丁佛罗里达州沙滩度假区的丽思卡尔顿（那不勒斯）酒店发生的一件很有名的逸事。

据说有一位员工在收拾沙滩上的沙滩椅时，得到了一位男性顾客的请求，他说："我要向恋人求婚，希望你能留一个沙滩椅给我。"然后这位员工回答道："当然可以。"

普通酒店可能会以"对不起，已经到时间了"的理由来拒

绝，但丽思卡尔顿酒店的员工则会回答"当然可以"。

然而，这个员工的厉害之处才刚刚开始。

他迅速地将自己 POLO 衫和短裤的制服换成了晚礼服，然后在桌子上装饰好鲜花，准备好香槟。为了防止男性顾客求婚下跪时弄脏衣服，他还在沙子上铺上毛巾，等待两个人的到来。

据说这对情侣非常感动，情不自禁地叫出声来。

男性顾客的愿望是什么？原本只是"希望在沙滩上留一张沙滩椅"。

面对顾客的这点要求，这位员工却为其提供了如此周到的服务。

丽思卡尔顿酒店的风气是，各个部门的员工以信条精神为基础，都在讨论为了让顾客感到开心、幸福和充实，自己可以做些什么，然后各自提出具体方案，并尽可能在接待顾客时去实践。

这位员工也在这样的风气下充分运用了自己的决策权。决策权不仅可以用在处理投诉上，还可以用在使特别的纪念日成为难忘回忆的事情上。

员工是否采用这个决策权另当别论，我认为更重要的是每一个员工把这个酒店、这个餐厅、这个酒吧当成自己的一部分来看待的心。因为这才是关怀之心的体现。

如果每个人都认为自己是被雇用的，按时工作就可以了，就不会提供如此真诚的服务。

如果餐厅的服务员认为自己只是一个雇员，那么顾客在停止点单之后光临的话，大概会被拒之门外吧。

但如果自己是店老板呢？

店老板肯定会认真思考如何让顾客开心，使其成为店里的粉丝和回头客。他一定会去笑脸相迎。

因此，我认为员工拥有把自己当成自己部门主人的心，是践行关怀之心的第一步。

麻烦和失误是与顾客重新建立关系的绝好机会

在迅速解决失误和投诉后，员工要写"问题解决报告"，客观详细地记录下发生失误时的状况。

我要事先说明，这个报告并不是"检讨书"之类的东西。

写报告的目的不是追究谁犯了错误，而是要弄清楚发生失误的原因和经过，以便提供更好的服务。

多次发生同样失误的背后往往隐藏着共同的原因。

例如顾客多次投诉客房送餐服务来得太慢，此时可以从中思考各种各样的原因。

可能是因为从厨房到餐厅的路线设计得不好，也可能因为服务员的人数不够。最重要的是发现原因，找到合适的解决方法。问题解决报告就是为此而存在的重要资料。

丽思卡尔顿酒店把失误和麻烦称作"时机"（Opportunity），被认为是与顾客重新建立关系的"机会"。

酒店现在的问题是什么？应该怎样改进？在这样的背景下，才会出现"在服务过程中发生的失误是让我们知道问题所在的最大机会"的理念。

当然，不光要等到事情发生后再去思考，还要思考可能会发生的问题，这也很重要。

例如在丽思卡尔顿（大阪）酒店的某个部门，有员工曾经针对"顾客要这样投诉时该如何应对"之类的问题，亲自制作了仿真模拟录像进行研究。

这绝对是这个部门员工的自发式训练。也就是说，这是他们在自己思考应该如何给顾客提供顶级服务的过程中自然而然采取的行动。

通过理解信条和不断训练，员工就会这样去做。

第 **3** 章

如何构建有 "关怀" 的组织

打造品牌与时间无关

1997 年开业的丽思卡尔顿（大阪）酒店仅用两年时间就成长为大阪服务品质第一的酒店。

当地人一开始的评价是"好像开了一家外资酒店，但不清楚"，转眼就变成了"那儿有点不一样""服务好，还笑脸相迎""有点贵但想去一次"，很多顾客会慕名而来。

企业已经到了靠品牌的力量决一胜负的时代。

欧洲有很多历史悠久的品牌企业，但是我认为打造品牌需要的并不是时间，很多情况下，即使时间不长也可以打造出品牌。

丽思卡尔顿（大阪）酒店就是一个好例子。它之所以如此成功，正是因为它一直在渗透"顶级服务"这一品牌。

被评为"大阪第一"，意味着丽思卡尔顿（大阪）酒店超越了其他拥有更多客房和宴会厅的酒店。这表明以"关怀"待客能创造出极高的附加值。

有人说附加值的经营是企业今后不可或缺的存在，而"关怀"是实现这一价值的有效做法之一。

构建一个有"关怀"的组织，领导需要有高水平的经营哲学，这一点很重要。丽思卡尔顿酒店的经营哲学是信条，是创始人集所有骨干之力，一起探讨如何成为理想酒店的信条，是逐条构思令员工满意的要素和服务的基本态度的信条。

并且，丽思卡尔顿酒店还存在将信条转化成哲学理念并强有力地渗透到所有员工心中的技能。

2002 年，我离开了关照了我 7 年的丽思卡尔顿（大阪）酒店，成立了一家从事专业咨询和活动企划的公司。

因为我想用在丽思卡尔顿酒店学到的东西，比如让"顾客满意"和"员工满意"的方法、"信条"的重要性等，来帮助更多企业和经营者。

我参与过丽思卡尔顿（大阪）酒店的建设，见证了它成为"关西第一"的历程，这些给了我极大的自信和财富。

我想在这一章讲述的是，如何用"关怀"创立顾客满意度高的公司以及如何提升公司品牌。我的咨询工作一大半是解释这两项内容。

能让顾客觉得值就算赢了

首先让我们再重新思考一下提升品牌的意义。之前我也提到过，把企业和商品变成品牌后，就不会卷入价格战中。

没有品牌，为了在竞争中获胜，酒店就要低价提供住宿，营业员也很容易被削减工资。结果怎么样呢？收益只会越来越少。

我们要考虑的不是这些，而是不降低商品的价格，通过赋予价格相应的附加值来取胜。也就是说，要让顾客觉得"那里虽然贵，但是很不错"。

"设备和服务都不错，食物也美味，即使价格贵些我还是住那儿吧。""我想让我们公司的员工住一流酒店。"如果能让顾客产生这种心理，即使价格稍微高些，也能把商品和服务销售出去。

所以，要想在竞争中生存下去，品牌是不可或缺的。

而且品牌还能保证员工的自豪感和干劲。

利益是从有品牌的商品和服务中产生的。如此一来，员工的工资也会比其他公司高。

品牌还会提高公司的社会地位。因为任何人都想在一流的公司工作，而不是二流的公司。品牌也会对员工的工作状态产生巨大影响。

服务水平关系到顾客满意度和营业额

接着我想让大家考虑的是提高顾客满意度的意义。

我在培训心斋桥某家大型百货商店的骨干员工时，发生了这样一件事。

有人问我："服务变好后就能提高营业额吗？"的确，好的服务和提高营业额看起来并没有因果关系，存在无法预测的因素。所以有不少人问过我这样的问题。

但是，同一个柜台上，一个员工服务好、一个差，一个待人亲切、一个讨人嫌，你会选择在谁那里买东西呢？

我这样反问后，提问的人回答说："当然选择待人亲切的人。"

于是我要求道："就是这样。请务必让每个柜台的店员为商店'圈粉'。"

我还讲到，要"圈粉"，最重要的是要关怀顾客。

因为关怀会打动顾客。比如对顾客笑脸相迎，记住顾客的名字，给出建议协助顾客购物等。

最重要的是要以"我很关心你，今后也请多关照"的心情待客。不管对谁来说，被关心都是一件开心的事。换位思考一下就会明白这一点。所以对待他人也要抱有同等的关心。

在柜台交换名片时，请至少记住顾客的长相，并且在下次再见到他时请致以问候。顾客肯定会开心地想："他还记得我。"

如果顾客询问的商品已经断货，请不要回答"非常抱歉，这款商品现在卖完了"，而是回答着"如果您很急的话……"去同行的店里替他打听一下。顾客一定会被感动的。取悦顾客的关键就是不要说"NO"。

这样做就能让自己领先其他商店一步，还能打动顾客，让他成为我们店员的粉丝。

成为粉丝的顾客一定还会再来店里，说："正好来附近，就顺路来看看你。"这样的顾客还一定会买些东西回去。这就是回头客。所以，让顾客成为粉丝就能把商品销售出去。

而且如果这位顾客对店员很满意，下次肯定还会带朋友来。

有时候只是给顾客一张促销传单，他就会再带着两三个朋友一起来，甚至还会动不动就帮着介绍新顾客。这意味着这位顾客已经变成了我们的忠实顾客。

如果所有店员都去"圈粉"的话，那就太厉害了。所有员工都能施以关怀，那么粉丝就会增加，会有更多人来店消费，商品也就自然而然地销售出去了。

这就是提高服务和顾客满意度的意义。

如何培养有关怀之心的企业风气

要想培养出更多有关怀之心的员工，提高顾客满意度，就必须培养使之成形的企业风气。

之前我已经讲过，很多公司一边高唱着顾客至上主义，一边提供着符合自己情况的服务。

要把公司变成无限迎合顾客情况而"不说 NO"的公司。

如何才能将这一理念普及整个公司？我认为最重要的是总结出一套像信条之类的经营哲学。

实际上，作为企业顾问的我在帮助企业培养员工的关怀之心、提高顾客满意度时，必定会帮它们制订信条。

当然其中也需要言谈举止上的技巧，因为这些对实际行动很有帮助。但是再怎样琢磨这些技巧，再怎么笑容可掬、彬彬有礼，只靠这些是打动不了顾客的。因为所有企业都在做这些事情。

要想具备始终如一的关怀之心和令顾客满意的举动，就要有信条之类的东西。没有牢固的信条和经营哲学，员工的行动就得不到统一。董事长、专务董事和部长各自的指示不同，员工的行动也会不同。那么顾客就不会感受到公司的经营哲学。

不能一换了董事长就突然改变公司的经营方针。

信条相当于公司的宪法。一旦制定了信条，从董事长到基层的员工都必须根据这套经营哲学来行动。信条居于最高的地位，当然也在董事长之上。也许这在小公司难以实现，但是换了董事长也不要改变公司的方针是信条的理想状态。

为你的公司制订信条

至今为止，我帮助过几十家公司制订信条。

在制订信条时，每家公司都会组建一个企划小组，花 1 年多的时间制订一部原创的信条，公司还要制订服务三步曲、员工之约、格言等相当于丽思卡尔顿酒店基本原则的内容。如果只是想模仿丽思卡尔顿酒店的话，只需要一两天的时间就能做出类似的东西。但是这么做并没有意义。

不花 1 年左右的时间，人的观念不会改变。就如同人们即使听过一两次精彩的演讲也不会改变之前的观念一样。

我来介绍一个事例。有一家综合医院耗时 1 年零 2 个月制定了一部信条。

这部信条是由以骨干员工为主的 14 名成员反复修订出来的。这个反复修订的过程很重要。在一边讨论一边选词，花时间制订的过程中，14 名成员成长为日后的培训师和信条的推动人。

我来介绍一下这部信条的部分内容：

"医疗法人社团××医院要明白以医患协同（Team Approach）为基础，提供最顶尖的医疗技术是医院最重要的使命。

我们的目标是竭尽全部经验和实力为患者和家属创造一个

安全、放心的环境。"

那么，制定完信条后就要渗透这些内容。第一步工作是"启动"（Kickoff）。作为组织首脑的理事长要在全体员工面前发表宣言："今后将实施有信条的经营管理（Operating Management）。"

之后再请站在第三方立场上的人就信条的重要性发表讲话，这样能起到很好的效果。我在这家医院以"顾客满意度的重要性"为题进行了约 1 个半小时的演讲。

之后，企划成员将写有信条的卡片交到每一个员工的手中，并向员工解释卡片上的每一条内容是基于怎样的想法制定的，并再次说明信条的必要性。

让女性成员参与到制订信条中来

在选择制订信条的成员时，我有一个提议，那就是必须包含两名以上的女性成员。假如有 10 名成员，就要有三四名女性成员。

今后将是女性的时代。商品开发和消费主体也都将是女性，所以在任何事情上都应该把女性的感性用起来。特别是服务业，更需要女性的感性。

举个例子，在丽思卡尔顿酒店享用午餐的顾客中，90% 是女性。所以为了让女性顾客满意，都是女性员工来负责企划。

其他工作也都是在听取女性员工的意见后推进的。实际上，丽斯卡尔顿酒店的女性经理人数并不少。

日本酒店的女性经理是屈指可数的，而在外资企业的酒店和企业有很多女性经理。这是因为外资企业明白，真正让顾客满意，需要女性的感性。

日本的企业仍旧是男性社会，这是我的切身感受，所以我认为应该重视女性的感性。

在实现顾客满意度的时候，要用非常规的氛围和行为来唤起顾客的感动，不能布置得和顾客自己家的住宅一样，必须让顾客觉得"这里不一样"。

这里存在两大因素，一是氛围，二是服务。

氛围需要通过绘画、鲜花和设计精美的家具来烘托。如果是一家餐厅，就要使用时令蔬菜，精美的摆盘，还要有相应的器皿与之衬托。

女性和男性不同，对这些方面的要求严格。说得极端一点，男性觉得肚子饱了就行，不需要鲜花和绘画。

而女性很细腻，评价也苛刻。如果不是女性喜欢的氛围和服务，就称不上是一流。女性并不喜欢男性主宰的氛围和服务。从结果上来说，这会降低顾客的满意度。

所以在制订信条时，应该很大程度地考虑女性的感性，采纳女性的意见。

比制订信条更难的是将信条扎根

方才我介绍的那家医院拥有相当于一流酒店水平的服务品质。在到达这个水平之前最艰苦的是将信条扎根这个阶段。

制订信条很难，但是和扎根比起来还算轻松。

我在第 2 章也讲述过，只有像丽思卡尔顿酒店那样在各个岗位上孜孜以求进行训练，才能将信条彻底扎根于员工心中。

进一步说，丽思卡尔顿（大阪）酒店在开业的同时录用了所有员工，大家都是在相当于一张白纸的状态下开始学习信条的，所以能够毫无障碍地接受信条。

但是这家医院已经形成了自己的企业风气，所以引入新的经营哲学时会引发员工的抵触情绪。这样想来的确很有障碍。

但即使如此，我们还是必须对全体员工进行意识改革。

如果一直保持原来的风气不变，医院的水平就永远得不到提升。所有员工都应该理解，要想让医院变得比现在更优秀，就要制订信条。

这是我讲到的制定完信条后的"启动"阶段。

通过这一系列流程，员工或许多多少少理解了信条和关怀的必要性。但是也仅止于此。

企划成员经过 1 年多的时间才完成信条，所以对信条已经相当了解。

但是对于其他员工来说，这是他们第一次见到信条。

这和我第一次看到丽思卡尔顿酒店的信条时的反应一样，觉得 "写的都是些理所当然的事情"。

所以要将信条扎根，就需要训练。

就是在广义上解释每一句信条在自己的工作中的具体所指。为此需要培养培训师。

培训师一开始可以由企划成员担任，之后再逐渐增加人数。

成熟的员工能够随机应变

所谓掌握信条的训练，就是考虑如果是自己的话应该怎样具体实施信条中的内容。

请看这家医院的 "服务三步曲"。

1. 热情、真诚地寒暄问候，面带笑容，并称呼患者的名字。

2. 预测和满足患者的需求。

3. 向患者亲切道别，真诚地寒暄说 "请多保重"，称呼患者的名字并笑脸挥手相送。

内容只有这么多，所以肯定会有员工觉得 "这到底是什么意思"？

所以要通过训练，让员工对照自己每天的行动进行思考，努力形成日常的关怀之心。

比如，信条中有一条内容是"称呼患者的名字"，那么首先要思考一下"为什么一定要叫名字呢"？

"请多保重"和"××先生，请多保重"这两句话给听者留下的印象是大不相同的。要让患者觉得"他还记得我"。

生病本来就会让人变得不安。这时候如果有人关心自己，当然会觉得非常开心。

进一步说，如果对患者说"××先生，请多保重。今天在下雨，回去的路上请多加小心"，他就会更加开心。要紧紧抓住"称呼患者的名字关系到顾客满意度"这一点进行思考。

"预测患者的需求"也是一样的。如果在导诊台看到一位有麻烦的患者，即使对方什么都没有说，也要主动上前帮助他；如果看到一位患者每次都是乘坐出租车回家，要主动上前询问"需要我帮您叫出租车吗"；如果有一位患者不知道药房在哪里，不要只是口头上告诉他，而是应该带他一起去。

我们必须要随时随地地预测出顾客的需求。严格来说，其中存在着无数种情况，所以我们不能只是依赖员工手册。

无论是信条还是服务三步曲，其本质都极为简单。虽然乍看上去很简单，但有着很深的内涵。

员工越成熟，就越能深层次地理解信条的含义，所以信条才能成为员工长时间的行动准则。

一旦掌握了这种思维方式，就等同于掌握了本质。

这样，即使没有员工手册，也能随机应变，也能察言观色地采取对方需要的行动。令顾客满意的最重要一点是，能够站在对方的立场上考虑问题。

当所有员工掌握了信条并能进行行动的时候，这家公司的顾客满意度就会得到提升，商品和服务，包括公司本身也自然会成为品牌。

第 4 章

为自己打造出不逊于丽思卡尔顿人的魅力

必须打造你的个人魅力

大家听过"酒店是服务业的王者"这句话吗？

意思是指酒店必须在服务业的各个方面凝聚并提供顶级服务。

可是我认为，经营酒店的能力不仅用于服务业，还通用于所有的商业。

事实上，在丽思卡尔顿酒店工作的员工们既是优秀的酒店人，也是优秀的经营者。

每个人都有关怀之心，充满人格魅力。

而且我已经说过，铸就这样的人才，是一个以信条为支柱的体系。

另一方面，从个人层面上来说，只要努力，就有可能成为这种拥有关怀之心的有魅力的人，就可以具备不逊色于丽思卡尔顿酒店员工的魅力。

我经常被拜托做以"打造自己的魅力"为题的演讲。

这时我经常听到这样的声音："不知道自己的魅力在哪里。""怎样打造自己的魅力？"

试想，"魅力"这个词本身就是模糊的。词典上写的是"吸引别人的能力"，具体是怎样的能力呢？

简而言之，就是成为受欢迎的男性或女性。

长相和身材是父母赐予的，改变不了。因此要通过自己的内在、打扮、乐观和谈吐等来打造自己有魅力的个性和个人同一性（Personal Identity）。

也可以认为"魅力等于个人的品牌"。

例如，奥运会的金牌获得者是有着强大个人品牌的典型。一旦获得金牌，整个人生都会被称为"金牌获得者"，受到不同于普通人的待遇。

医生一生都被称为"医生"，律师一生都被称为"律师"，他们都是很有品牌效应的人。

这种人具有个人"价值"。

但是普通的经营者即使在一流企业工作，也很少具有强大的个人品牌。

时常有人将企业的品牌效应误认为是自己的。但是在工作期间却注意不到这一点，一旦背后的公司不存在了，就会突然被周围的人冷落。这种情况并不少见。

我经常听人说"一辞职就没人把我当回事了""单干之后以前在公司工作时的客户都不理睬我了"等，这是因为他自身没有品牌效应。

我从丽思卡尔顿酒店辞职单干后也成了孤家寡人。

因为丽思卡尔顿酒店的头衔，以前还有人"林田先生、林田先生"地叫着，但是单干后情况就完全不同了。

既有一如既往来往的人，也有离我而去的人。我也切身感受过这种人情世态。

因此，为了让自己受到好评，自己要打造出"你和别人不一样"的魅力。

首先要培养礼貌和交流能力

我认为魅力是在"关怀"的基础上加上"专业性"，需要基础部分和专业部分两个方面。缺少任何一个方面都不能说是一个有魅力的人。

最初要着手于关怀的部分。而且首先要从关怀的前一阶段——关照开始。

具体而言就是"礼貌和交流能力"。

也许有人会有疑惑为什么不先磨炼专业性。

但是请想想看。即使具有英语出众、电脑水平出众等专业性，如果你没有礼貌和交流能力，也不会被人们接纳。

反之，如果你在"关怀"的基础部分很出色，即使专业性差，也足够活跃于世。

我对此可以断言，无论做什么事，既然进入社会，基本上就是靠人际关系。

人类是渺小的，一个人的能力是有限的。

请想一想每天的工作。一个人能做的事情有多少呢？假如有人说"有很多呀"，请您好好想一想，那些工作是你自己一个人从头到尾做的吗？能赚到钱吗？只要在组织中工作，就不会这么想。恐怕大部分人都感到自己能做的事情有多渺小。

因此，做任何事情都必须和别人携手合作。要成对或成组地形成一个团队。想做的事情越大，就越需要更多的合作者。

在着手项目、启动新事业的时候，一定会和很多人有关系。

这时，人际关系不好的人、没有团队合作的人和没有领导能力的人无法使想做的事情顺利进展下去。

酒店的工作也是如此。营业员负责接客和洽谈，然后将工作交接给宴会负责人，再由当天负责待客和烹饪的工作人员来招待。这样的团队合作将会开花结果令顾客感到满意。

支撑团队的基础是交流，人们通过交流建立信赖关系。

关键在于不只是考虑自己，还要理解别人的态度。

还要找出彼此的妥协点。在工作中都会有彼此意见不相容的情况。

这时如果不找出向善的妥协点、彼此谦让，就无法开展工作。

现在二三十岁的人都有重视自己的专业性并想做到极致的

强烈倾向。

有不少人认为"自己能做到，礼貌什么的无所谓""即使不交流，只要自己的能力强就会得到认可"。

我和年轻人接触后感觉到，他们的听说能力比上一代人低，或者说变了味。

他们有事务性和机械性地考虑任何事情、毫无情感和真心的倾向，好像很少站在对方的立场上考虑问题、夸赞对方等。

他们同样也缺乏礼貌意识。

例如，他们不会根据 TPO① 来穿服装。说得极端一点，重要的会议时也会看见有人穿着 T 恤衫和牛仔裤。朋友之间这样穿也许可以，但是社会上有很多不同价值观的人。仅凭衣服就被人认为"这个人不懂基本的礼貌"而拒绝与之交往的事例不在少数。

还有很多人不会寒暄。一碰见人就说不出话来，不敢直视对方。根本达不到像丽思卡尔顿酒店的员工那样进行个性化寒暄的水平。

坦白地讲，这种人会吃亏。

只有在建立人际关系后，对方才能看到人的内在，即专业性的部分。

即使有"会计算机""会英语""人脉广""擅长组织活动"

---

① TPO："Time-Place-Occasion" 的简称，表示时间、地点、场合。

这样的专业性，也都是在建立了一定程度的人际关系之后才能发挥出来。

没有礼貌和交流能力的人在使用自己的武器（专业性）之前就已经输了。

有这样一些营业员，他们突然来到酒店，完全不打招呼，说话盛气凌人。我心想"还是算了吧"。大家也见过这样的营业员吧。

做任何事情都必须从人际关系开始，这是我长年从事服务和营业工作的切身感受。

要真诚地打招呼，有眼色地察觉对方的感受，渐渐地打开对方的心扉。

如果不事先你一言我一语地闲聊一些"你的领带真漂亮啊"之类的话题，就算说了营业方面的事情，也没人会听的。

在结束闲聊之后还要说上一句"最后您能听我说一句话吗"。

总之，请从掌握礼貌和交流能力开始。

难以效仿的专业性将成为卖点

要知道自己能做什么、自己的特征是什么，并且从年轻的时候开始磨炼。现在已经不是终身雇佣的时代了。我认为在离开之前上班的公司时，自己能做什么很重要。

这就是专业性。即被人评价为"让那个人做这个工作很棒"。

想一想转职考试的情形就很容易明白，我们在面试中一定会被问到"你会什么"。总之就是"你的卖点是什么""专业是什么"。这时如果回答说"英语和计算机都会一点儿""大致都做过"就不好了。因为有很多这样的人，你很难开辟新的道路。

我不会英语，也不太懂计算机，不会的事情净想着交给别人去做。

尽管如此，我却有 3 个卖点：创造人脉、满足顾客、举办活动。

其中人脉是我的一大武器。我能和 3000 人保持日常通话、亲密交谈。

站在是否录用的立场来看，拥有 3000 人脉的人是非常有魅力的。如果是营业部门，立即就想录用吧。

实际上，我认为我是托了人脉的福才能进入丽思卡尔顿酒店工作的。我应聘的营业经理的职位，当时约有 40 个人应聘，其中有具有经营酒店经历、擅长英语的人。如果在这些方面竞争的话，我没有胜算。

但是我有值得大书特书的卖点。

我在应聘时写了自己的人脉报告。

我明确指出，在太阁园的 20 多年里，我专心做营业，并由此以大阪当地为中心构建了一个包括政界、财界和企业经营者在内的多达 3000 人的人脉网。结果我被录用了。

任何人都必须用自己的优势来决一胜负。

不过，即使发现了优势，如果不加以磨炼也没有意义。因为不持续打磨武器就会生锈。必须在自己的优势上进一步磨炼，将它变成别人无法效仿的东西。

我的人脉现在还在扩大，与入职丽思卡尔顿酒店之前相比有着天壤之别。我认为没有一个酒店人拥有像我这样规模的人脉。

我将在第 5 章讲述构建人脉的方法，它需要一定的时间，并不容易效仿。

专业一旦被效仿就没有了价值。将其磨炼到难以效仿的水平这一点很重要。

目标等于你自身成为品牌

如果在礼貌和交流能力的基础上加上强大的专业性，就能铸就自己的魅力，即品牌。

也可以说他是一个附加价值高的人。

一杯品牌咖啡能卖 1000 日元，一杯没有品牌的咖啡只能卖 300 日元。

领带也是。一个国产品牌的领带只能卖 3000 日元左右，最贵充其量也就 10000 日元。但是卖 15000 或 20000 日元的欧洲品牌的领带多得是。

同样的道理也适用于个人。

有名的人卖价高，没名的人卖价低。虽然话不太好听，但总要有获胜方和失败方之分。

因此我认为，提高自己的附加价值，对今后在社会上生存下去很重要。

即使在同一个职场做同样的工作，一个人有没有品牌，也会有很大的差别。在强调一视同仁的时代，也许没有必要掌握品牌这种东西，甚至说"枪打出头鸟"，最好不要有品牌。

但是，要想在论资排辈和终身雇佣体系崩坏的时代生存下去，终归需要个人的品牌。不要依靠公司，要自己思考，自己决定，自己行动，把人生的所有权（Ownership）掌握在自己手中。

如果被很多人评价成"擅长交际，性格也好""气质佳，什么都懂""对人有关怀之心"，你就会成为品牌，获得好评："××有魅力。"

找出对方的 5 个优点后再开始交往

我想再具体谈一谈作为打造魅力基础的交流能力。

任何人都能和投缘的人顺利交流，问题是和对方合不来的情况。

对于这一情况，应该极力减少合不来的人的数量，而且找出和不投缘的人巧妙交往的方法。

人与人之间当然也需要缘分。对必须与很多人交流的酒店人来说也不例外。

不过酒店人，需要自己与95%的人投缘。

如果是100%当然最好，但是任何人都做不到。如果没有与95%的人投缘的能力，就称不上是好的酒店人。

下面介绍一下巧妙交往的具体方法。

假如现在你面前有一位初次见面的人。

要养成能立即找出对方5个优点的习惯。

总之要找出5个优点，比如气色好精神饱满，衬衫和领带的搭配完美，眼镜有档次，笑容可掬，手表时尚，手漂亮……并在对话中若无其事地说出其中一两个来赞美对方。大部分人会因为你这样做而对你敞开心扉。一旦敞开心扉，就会形成对话。

只关注对方的优点进行交往也很重要。人无完人，只要是人，就一定有缺点。

这时我们往往只注意到对方的缺点，认为"那个人太坏了"并对其敬而远之。

　　这是因为人在很多情况下都带有成见，还没有交往就讨厌起来。其实一开始不喜欢的人，说上几句话后就会发现他原来是一个很棒的人。

　　可是，如果从一开始就带有成见，认定"交往不起来"，那说明你在交流之前存在问题。

　　因此，我很注意不去看别人的缺点，而去看别人的优点。

　　如果有这种态度，应该没有和别人无法交往的人。

　　这是拓展人脉、与别人保持持久交往的秘诀之一。

带有关怀的说话方式会让人打开心扉、产生好感

　　形成交流的关键是说话的方式。

　　但它不是单方面地说有趣好笑的话。重要的是既擅长听又擅长说。

　　最重要的一点是能站在对方的立场上考虑事情。如果对方想说，就听他说；如果对方不健谈，就试着提很多话题。

　　如前所述，一开始要从打开对方的心扉开始。打开心扉的时候就能形成对话。

　　不要过分亲昵，正如谚语"亲密也要有分寸"所说，要牢牢遵守礼节，同时在闲聊中不经意地去赞美别人。这样就

会渐渐打开对方的心扉。并能从中顺利听到对方关心的事情。再有意识地将话题转入对方关心的事情上，变成一个出色的听众。

例如给喜欢打高尔夫球的人说与高尔夫球有关的话题。

即使象棋是自己的兴趣，如果对不喜欢的人净说些象棋的事情，对方会觉得"够了"。即使是自己不知道的事情、不喜欢的事情、不那样认为的事情，如果对方拼命地说，也要拼命去听。如果你说"我对这件事不感兴趣""我不这样认为"，那就不对了。

在这时，要带着好奇心去听，"您的兴趣很好啊""是的，有人就有这种想法啊""原来还有这样的世界啊"，保持微笑，表示赞同。

是否接受对方的意见另当别论，但要暂且说声"的确如此"以示赞同。这种态度才重要。

得到交谈者的随声附和，表示赞同，谁都会开心。这样，对话就能你一言我一语地进行下去，人际关系也会变得融洽起来。

在对话中要克制自己的主张，先去认可对方的意见才是基本。

这需要一定的度量。

拥有认可对方的胸襟是度量大的证明。度量小就会难以认可对方而引起麻烦。

不给对方带来不愉快的感觉是交际中铁的法则。

坦诚是成为出色听众的第一步

无论是多么顺利的对话，都不能自己一个劲地说。即使对方是不怎么说话的人，也要在一定程度上去倾听。这一点很重要。

比起自己说，去听对方说更能学到东西。

而且说话需要精力，听别人说不用太费力。

经常听人说，对话要有来言去语。重要的是有时自己说，有时听别人说。

语言一旦建立了来言去语的形式，即使是初次见面的人，也会给人一种相识多年的感觉。如果能做到这样，就可以称得上是交流达人了。

不过，我认为这很大程度上取决于经验。年龄越大，越善于引出别人感兴趣的话题而自己充当听众。无论如何，重要的是不要忘记一直有关怀的精神。

我从 18 岁开始从事待客和营业的工作，但一开始并不顺利。年轻时只是靠讲道理来推销，也有自说自话的时候。但是过了一段时间我终于明白这样不行，要认真听顾客讲，然后进行应对才重要。

我还在太阁园的时候发生过这样一件事。当时只是我单方面地对着顾客说个不停。

那位顾客砰的一声拍了下桌子说"我已经明白了,你辛苦了",站了起来。这给了我当头一棒,心想"完了,我说太多了"。

这让我切身感受到,不能只优先考虑自己,必须听别人说。

大概是从这时候开始,我萌生了一个信条,就是必须养成始终站在对方的立场上考虑问题的习惯。

我掌握了这一信条后,自然而然地掌握了给对方留下好印象、渐渐打开对方心扉、进行对话的方法。在进入丽思卡尔顿酒店之后,我还真切地感受到了关怀的重要性,于是我的交流能力也越来越有长进。

冷不丁地让人变成一个擅长交流的人,有点强人所难了。

一开始可以从坦诚之心开始,它是绅士和淑女最重要的东西。

总之,普遍的看法认为,单方面的交流和以自我为中心的想法容易在人际关系上制造麻烦。这是现在常见的现象。

制造麻烦的人不够坦诚,不会反省,还经常为自己辩护,到什么时候都消除不了与别人的对立。

人要有承认自己缺点的坦诚之心。

如果双方彼此坦诚相待，就不会发生冲突。

只要足够坦诚，给对方的印象就会变好，人际关系也会逐渐融洽起来，至少不会就此终结。

关照、关怀是绅士和淑女的修养

在谈及丽思卡尔顿酒店的信条时，我已经说过绅士和淑女的重要性。

一提起绅士和淑女，很多人就会有潇洒、对人亲切……的美好形象，除此之外还要满足很多条件，比如有教养、对别人有关照和关怀之心、时尚感十足、有清纯感、对话时体谅别人、能笑脸相迎、不说别人坏话而善于表扬别人等。粗略地列举一下，绅士和淑女需要这些条件。

实际上要想成为这样的人并不简单。但要铭记有魅力的绅士和淑女就是这样的人，并尽量这样做。这一点很重要。

我在丽思卡尔顿酒店学到"招待绅士和淑女的我们也必须是绅士和淑女"。

员工不是用人，如果不是绅士和淑女，就无法提供真正的服务。

我遇到过很多绅士和淑女般的顾客，他们很出色，所以在接待他们时也在努力让自己成为绅士。

例如，我在丽思卡尔顿酒店上班的时候，我一直在厉行着个人式的秘书服务（Secretary Service）。

我每周五都会满怀着感谢的心情对我的秘书说一句"感谢你一周来的服务"，并请他吃饭。

我认为积累这样的小事很重要。

不管是构建人际关系，还是为了当领导，后效如何取决于关照和关怀能做到什么程度。

不用为此做什么特别的事情，做些小事就可以。

而且每天都要做。不断积累下去，就自然会注意到细节，并去践行。

我也不是从一开始就会这些。

而是在担任管理职务时反复思考何谓服务的过程中，渐渐地具备了关照和关怀之心。

因让对方开心而开心

绅士和淑女具有爱护别人的心情，是关照和关怀别人的达人。他们爱护别人的心情强烈，所以具有为对方做些什么的冲动。

日积月累地为对方做了一些让其开心的事之后，就会渐渐明白"啊，做这样的事对方会开心啊"。

例如，根据情况送给对方一个小小的赞美之词或者礼物，就会令他很开心。

如果你也带着关怀之情待人接物，就会自然明白别人开心之处在哪里。

在想和某个人交往并保持良好印象地长久交往的时候，重要的是记住日常性地爱护对方，同时多去思考怎么做才能让他开心并付诸实践。

擅长寻找快乐的人会抓住别人的心

自己擅长寻找快乐也很重要。

我认为如果对方为你做了什么事，或者送给你礼物，你就应该喜形于色，表达谢意。

也许有人认为这是理所当然的事情。

但是，好像有很多酒吧的女服务员认为顾客给什么礼物，带着自己去吃饭是理所当然的事情，不会发自内心地表示感谢。她们的恩情意识淡薄。

也有不少相扑运动员只是说声"ごっつぁんです"① 就完事的情况。这样一来，赠送礼物的一方就会认为，对不懂恩情的

———

① ごっつぁんです：是相扑界的行话，一般表示"谢谢"的意思，也有"领教""摆脱"的意思。

人送与不送都一样。

收到礼物或者其他东西，要好好地表示感谢。

如果收到领带，就要给对方打电话说一声"和藏青色的西服很搭，谢谢您送给我这么有品位的东西"之类的话。这样就会成为一个擅长寻找快乐的人，从积极的方面来说，就会变成擅长接受馈赠的人。

得到别人的礼物后就会明白何谓开心。反之，如果自己有什么东西就会想着送人，这样对方也会开心。如此一来就会抓住别人的心。

以前我去朝日啤酒公司（Asahi Breweries）总部拜访的时候，当时的樋口广太郎会长说"谢谢您远道而来"，并将领带和手表送给了我。他那善于抓住人心的形象给我留下了深刻的印象。

我们当然送不起这么贵重的礼物，却能表达心意。

东西或心意可以是不起眼的，但重要的是送出去。

虽然是一点心意，但会不会这样做，其人际关系将会大有不同。

对任何事情都不能感觉迟钝，要掌握感知力

另外，绅士和淑女富于感性。感性有好几种，包括理智的

感性、关怀的感性、关照的感性、体贴的感性等。

掌握这些自然很重要，但我希望大家首先要拥有感知力，不可以感觉迟钝。

感性是训练出来的。下面我介绍几种训练方法。

例如去高级商场的特选品卖场接触真货。

那里的美术品、工艺品等任何一个真品的装饰方法，都应该很讲究。

那里播放的背景音乐（BGM）也和其他卖场不同，员工也大多是特别有感觉的人。

去感受那种气氛，并切身去感知商场里的某一角有什么不同。

有时还要去当地看百老汇音乐剧（Broadway Musical）。当然也可以去看来日本的公演，感受真正的音乐和演出。

有时也要去高级餐厅感受真正的服务、菜肴和有讲究的气氛。即使是买东西，不要总去超市，偶尔也要去经营高级进口商品的店里接触外国文化，找时间去美术馆充实心灵等，以此来培养感性。

不要只去没有绘画和鲜花装饰的小酒馆和快餐店。

虽然没有绘画和鲜花也能活，但不能滋养心灵。如果只是果腹，快餐店也可以，但那里真的只是为了果腹，所以不能养心。

只去家庭餐馆（Family Restaurant）也不能培养感性。

在丽思卡尔顿酒店住上一宿，一个人的预算少也要超过3万日元，两个人需要5万日元。

但是为什么还是有人去呢？

因为顾客想在那里体会别样的心情，想得到某个人给予的喜悦，或者想给某个人幸福。

要想得知顾客的这些心情，我们自己也要去体会那种"别样的心情"，用以培养感性，这一点很重要。

这样就会明白顾客带着怎样的心情而来，自己应该做什么。

不知道什么叫一流就无法做一流的工作

说起感性，还要注意着装。

任何着装，我都是自己完成，比如选衬衫、领带的搭配等。

我有十几种眼镜，会根据时间和场合区分使用。眼镜位于脸的中间，是影响给对方印象的重要配饰。

聚会的时候也要注意着装。

这时我也会事先告诉顾客："今天会场的演出使用深绿色的天鹅绒幕布，最好避免穿同色系的衣服。"

人们自古就对着装很敏感。

我刚开始在太阁园工作的时候，每天下班后就会到心斋桥走走。当时我还不到 20 岁。

并且去商场看橱窗当时流行什么时尚，去繁华街看哪些店比较流行。现在想来，这些培养了我的感性，想看一流东西的好奇心驱使着我。

另外，我当时还去皇家酒店（Royal Hotel）约过会，吃了一顿 8500 日元的牛排。

我当时的工资只有 10500 日元，竟然吃了 8500 日元的牛排。

现在的大学毕业生刚就业的工资是 18 万日元，这样一比，我一次约会的饭钱相当于十几万日元。或许会有人觉得"这太浪费了"。

但是对我来说不算浪费。虽然我一心一意地想取悦女朋友，但同时不仅体验了一流的空间和一流的饮食，还理解了和我有同样想法来一流酒店吃饭的顾客的心情。

然后，我还思考了应该如何应对这种特别想法的问题。

人要想创造有价值的工作，为自己创造价值，就必须积累各种经验。如果没有向往真品、争创一流的目标，就不能成为这样的人。

总是穿着清仓处理品，总是只去家庭餐馆的人怎么可能创造出一流的东西呢？

为了培养感性，要去体验真品和一流。我认为能够从中培养出有创造价值的人才来。

通过培养感性制造气氛

培养感性的另一个重要的环节是根据 TPO 来行动。

在餐厅里，如果一方穿牛仔裤，一方穿西服，不会很奇怪吗？

日本四季分明，因时改变着装和随身携带的物品很重要。

培养感性时要注意这一点。

旁观者一看就明白一个人有没有感性。大家身边也存在有品位、有个性、对话稍有不同的人吧。这些人的脸色、光泽和表情都不一样。

进一步培养感性并将其做到极致就会制造出气氛来。

曾是著名投手，并担任过阪神老虎队（Hanshin Tigers）教练的星野仙一先生来丽思卡尔顿酒店住宿过，我当时经人介绍去和他打了招呼。

在短短四五分钟的对话中，我感觉到了特殊的气氛，它就是星野先生的魅力。

我当时的心情无以言表，不过确实切身感受到了什么叫"厉害""有好感""有魅力"。

为了打造魅力，要不惜自我投资

特别是年轻人，要想打造自己的魅力，就要请你进行各种尝试。

就是说，不仅和本公司的人交流，还要和其他行业的人交流。

只在公司内部交往还不够，还要在下班后和其他人多交往，进行信息交换。每月要尽量交流两次左右。

还要自我投资。虽然没有必要浪费，但是不能在学习上舍不得花钱。

请成为一个能够为了自己的成长而投资的人。

交流也需要知识。我在太阁园做前台的时候，一心想做营业工作，为此读遍了营业方面的书，还出席过日本工商会主办的 2 天 1 夜、3 万日元培训费的学习会等。

当时的 3 万日元是一笔巨款。但是我独自承担了这些费用。

我参加第 5 章提到的青年会议所（Junior Chamber，以下简称 JC）的活动也是一种自我投资。在 JC，每次集会都会有餐饮之类的应酬。我总能想起当时忐忑不安地付钱的情形。

总是在同一个圈子里交往，无法磨炼自己。和很多圈子的人交流要用精力。特别是在年长者出席的集会上更要多加留意。

不过，通过不断地交流可以变得能和任何人讲话，培养胆量。

有魅力的人聚人气

到此为止我谈了打造自己魅力的方法。有魅力的人有凝聚力。

人生的改变取决于与他人的相遇。

我切身经历过这种事情。希望大家务必具备魅力，构建起广阔的人脉。

即使想拓展人脉，如果自己没有魅力也很难做到。因为对方也有选择的权利。

假设没有魅力的人、没有品牌的人请求别人"请和我交往"。这种情况下也许别人不会当面说"NO"，但最终只是应酬一下而已。

但是，如果自己有魅力，对方就会主动向你打招呼。

因此，我们首先要打造自己的魅力。

所以，在"礼貌和交流能力"的基础上不断积累"专业性"很重要。

第 **5** 章

酒店人如何构建人脉

人脉丰富人生

无论是在工作方面还是在生活方面，人脉都是必不可少的。

什么叫人脉？人们对此的看法各不相同，我认为能够随意给他打电话交谈的人和能提出请求的人才是人脉。

对我来说人脉是个宝。以前也有很多人在不同阶段帮助过我。

我建立人脉的秘诀是重视名片。

我在太阁园工作的时候，一定会把收到的每张名片登记在册，制作成可以直邮（Direct Mail，简称为 DM）的形式。当时我有 3600 人左右的数据，每两个月都要用 DM 的形式向他们发送一次活动企划的内容。

每一封 DM 中我都要盖上我的印章"林田"，表明这是"来自太阁园营业部林田的明信片"。我通过这种方式让对方知道"我是当时交换过名片的林田"。

我通过定期发送 DM，得知对方是否参加活动，还能从顾客那里得到预约通知和他们对宴会的咨询。

其中也有人会介绍别的顾客给我。如此一来，就不断拓展了我的人脉。

在丽思卡尔顿酒店时，我的顾客增加到了 4500 人。

2002 年 7 月我从丽思卡尔顿酒店辞职单干时，顾客们还为我举办了活动以示激励。

当时来了 400 人，我这个小职员的集会竟然有 400 人来参加。

何况我已经从丽思卡尔顿酒店辞职，所以为我而来的人不是前来激励"丽思卡尔顿酒店的林田"的，而只是为"普通的林田"而来。对此我不胜感激。

离开丽思卡尔顿酒店之后，为了不断绝人脉，我也在独自构思活动，继续发送 DM。

定期发送 DM，顾客的记忆里就会留下我的痕迹，他们会想到"有事找林田"。

而我则是把发送 DM 作为营业活动的一环，思考不在相关工作和公司上班的人能否与我现在的工作产生联系，这也是不错的。

有没有人脉在工作中有天壤之别

建立人脉本身并不是目的而是手段。其一是通过人脉创造商机的手段，其二是通过在人脉中所学的东西使自身成长的手段。

人脉会拓展商机。假如要开发某种商品，并把它卖到某家公司。

如果在这家公司没有特别的门路，推销商品就会变得很突然。这种情况下达成交易的概率非常低。

假如认识这家公司的董事又会怎么样？

董事可以成为一个窗口，帮着介绍相关部门进行商谈，这种情况可以从不同于前者的级别上开始商谈。

这是一个展示生意上人脉重要性的好例子。

乍一看是商品实力使商品畅销的，但实际上在其内部必定存在使商品得以大卖的人际关系网。

因此，想要生意做成功，必须拓展人脉。

拓展人脉还可以使自身得到成长。找到值得尊敬的人并将其作为人生导师。尽量多找些这样的人。这样人生就会丰富多彩。

有言道"吾以外皆吾师"，这种态度很重要。

关怀和信息有利于构建人脉

我想说，在建立人脉时具备关照和关怀对方、尊重对方和令对方感动的魅力至关重要。

为此而用到的工具之一是"信息"。

人们都会到热闹的地方、打动人的地方、值得学习的地方、快乐的地方去。尤其会到有信息的地方。

要想自己发布信息，就必须有意识地收集信息。即使在自己的本职工作以外与别人见面时听到的话，即使在读书学习时得到的信息，也要有意识地储存起来。

例如，得到对想要交往的人有用的消息时，可以抄写下来拿给对方看。

总是问"有什么好事吗?"的人是不能吸引对方的。

有用的信息才是关键。

如果自己这边对对方有所期待，而不向对方提供有用的信息，两人的关系是持续不下去的。

此外，如果不知道对方现在对什么感兴趣，就无法选择合适的信息提供给对方。

因此，这里还需要具备关怀精神。

忘年之交会扩大知识面和机会

尤其是年轻人，想要拓展人脉而采取行动时，大多容易和同一个年龄段的人交往。

但是如果想真正拓展人脉，就要与不同年龄段的人交往。

年长者的人脉广，能够为我们引荐很多人。并且他们远比我们有经验，不少地方值得我们学习。

我在太阁园时便尽力用心去跟年长的人交往。

幸运的是，莱昂斯俱乐部（Lions Club）和扶轮社（Rotary Club）的人都十分宠我。

能否得到前辈的宠爱，取决于我对他们有没有关怀之心。总之，聆听他们的教导，以及自己虚心学习的态度很重要。

这一点也与对上司的关怀之心相通。

如果与上司的关系搞不好，再有能力也很难出人头地。其根本还是人际关系的问题。

人随岁月而改变，不要轻易断绝联系

在建立人脉时有些东西不能忘记，就是要有一旦交往就要交往一生的心态，这是原则。

虽然有无奈被对方拒绝的时候，但自己这一方绝不要主动斩断联系。

要有"往者不追，来者不拒"的精神。

在没有慧眼识人的眼力时，不要轻易对对方做出判断。随着时间的流逝，人是会变的。

有些人第一次见面时还是个无业游民，两年后就可能成为一家中坚企业的董事长。

也有些人最初见面时总觉得没什么朝气，再次见面时却意气风发。

因此，不应该轻易给别人下定论，不随便与其断绝来往。

受人委托时绝对不能拒绝

和别人交往时常常会收到对方的请求。这种时候绝对不能说"NO"。即使实现不了也要尽可能地真诚对待。这种真诚对待的态度也会增强人脉关系。

因此，拓展人脉后就会忙碌起来。

假设每天接到人脉关系中1%的人的来电。拥有100个人脉的人每天要接1个人的电话，而我每天要接30个人的电话。仅仅是1%就是这个人数，而现实中会有更多人打来电话。

这时必须注意的是，我们会疏忽关怀之心。如果说"忙"就会让人"寒心"。

这时我们往往容易机械性地应对。在这一点上必须多加细心留意。

只要久经沙场谁都可以擅长交际

我在做演讲时经常会听到这样的声音："我不在营业岗位，很难拓展人脉。""我不擅长与人接触，无法拓展人脉。"

这种情况只有训练才能克服。

积极到人员聚集的地方，鞠躬说一句"请多关照"，并交换名片与之交谈来积累经验。

事实上，四分之三的人通过努力可以变得能说会道。只要有积极性和勇往直前的心态就能做得很好。

一个人犹豫要不要去参加活动的时候，也可以请擅长交际的好朋友和熟人一起去。

此外，也可以在朋友之间主办一个什么会。比如针对某个感兴趣的话题，以小组的形式同几个朋友开办一个交流会。因为周围都是些彼此知道脾气的人，所以不会异常紧张。

只要有态度和努力，任何情况下都能创造出拓展人脉的契机。

作为工薪阶层的我为什么加入青年会议所

要拓宽人脉，就要自己创造机会，而不是等待机会，这一点很重要。一方面要出席不同行业的集会，另一方面要自己创造集会场。

我为了自己创造这样的环境，在 33 岁的时候加入了大阪的青年会议所（JC）。JC 主要是担任下一任董事长的经营者子女和一些年轻有为的经营者一起加深学习、交流的场所。

一般的工薪阶层是不能参加的，我拜托公司为我出会费的请求也被驳回了。

于是，我选择自掏腰包入会。入会费是 20 万日元，年会费 12 万日元，并且绝不优惠。尽管如此，我还是在 33 岁到 40 岁的 7 年里一直精神饱满地去参加活动。

因为我没上过大学，所以在进入 JC 时就把 JC 当成了我的大学。我在这里明确了自己的目标：启发自己，建立人脉，为太阁园创造客源。

既然目标明确，并且用自己的钱上学，那自然会主动出击。

尤其在建立人脉方面，JC 起了很大的作用。JC 每月都有一次例会，在自己所属的委员会也有活动。

我也会参加不是自己所属的委员会，努力扩大交流，并且还如愿以偿地担任了委员会的干事等职。所以，我一个月有 10 天左右都用来参加 JC 的活动了。当然，都是在太阁园的工作时间以外。

虽然忙，但人脉也越来越广了。

趁着年轻多创造与经营者交往的机会

我在 JC 遇到的人都非常出色。中小企业经营者的子女们今后都要继承家业，他们和在公司上班的同龄人有着完全不同的思维和想法。

公司职员始终是公司职员，坦率来讲，他们只需要做好被赋予的工作就可以了。

不过中小企业的第二代和第三代继承人深知父辈经营者的辛苦，有着明确的目标，即"自己将来要成为董事长"。

要成为经营者，就必须考虑筹措资金的问题，必须给员工支付工资，必须对自己的事业有所展望，要拥有主体意识。

还有很多年纪轻轻就当上董事长的人来 JC。这些人都很有毅力和个性，非常有魅力。我经常在想这些人"为什么能胜任这个职位"。我切身感受并学习到，有些人胆大心细，有些人善于用人，有些人很真诚。

只有我这个会员是工薪阶层。通过人际交往果然会改变一个人的思维。一回到太阁园，我时常会被大家孤立。而在 JC 的时候，我会同经营者交往，有各种讨论，但实际上我是个工薪阶层，学到的东西没办法得以灵活运用，这让我进退两难。我在 JC 学到的东西发挥作用是在我担任管理职务以后。

在 JC，除了建立人脉，我还学到了企业家精神和领导能力。所以我能够引起历任太阁园总经理的关注，他们可能觉得我"这个家伙有点不一样"。

自己主办集会能够跟所有人建立联系

在所属团体之外自己举办活动也是建立人脉很有效的选项。

自己主办一些小规模的活动，能够掌握在场所有相关人士的信息。

只是参加别人主办的集会，不过是团体中的一员而已。从这一点来看，如果是自己主办的集会，即使有不参加的人，也可以在与他们联络时建立某种联系。

我由衷地建议大家一定要自己举办一场这样的集会。你会得到包括人脉在内的宝贵经验。

起初规模小一点也没关系。

例如，在有些名气的人士的协助下，请他做发起人，举办聚会，或召开他的演讲会等。

要想有意义且更加丰富地度过人生，认识一些名人很重要。并且，请成为一个不仅认识他，还能掌握他的人脉并进行有效利用的人。

要是能做好这件事，就能把自己打造成一个幕后策划人的形象。自己会因此魅力十足，就能够召集来更多的人。

我在 42 岁时主办过以经营为主题的学习会 "NANIWA 经济俱乐部"。每月举办一次，我租下一个餐厅，每次召集 50 人左右。

集会持续了三年左右，我又将它进一步发展成了"THE FRIEND 俱乐部"，大约有 1000 名会员。即使是现在，THE FRIEND 俱乐部仍在开展各种各样的活动和聚会。

我负责策划活动，然后发传真给各位会员。每次都能聚集几十个人，大约有 5%的出席率。即使有人不来参加活动，我们也会用传真的方式定期研讨交流，所以他们都能够记住我。

因此，有时候会有人打来电话问我："可以为我们策划一场活动吗？""可以把这个人介绍给我吗？"

如何举办一场成功的跨界交流会

如果是在公司上班的人，可以先举办一个需要交 3000 日元左右会费、定位为"晚间沙龙"（After Five Salon）之类的交流会。

坚持这样做，自己的交际圈就会渐渐扩大，就会聚集更多人。

下面我来介绍一下交流会的基本方针和举办方法。

一开始可以是一个简单的酒会，但这样可能无法拓展人脉。

最理想的方式是请来一位讲师开讲座，之后再举办交流会。

会场要设在交通便利的地方，而且女性要占参加人数的三分之一，这样才会有气氛，所以要考虑好这些事后再考虑会议的主旨。

决定好举办什么样的集会后，要召开负责人会议。

多名负责人更容易召集到人。如果是 6 个负责人，每人能召集到 5 个人的话，就可以召集到 30 个人。

负责人最好要交际广、有经商头脑。此外还要选出一个负责人代表。

要明确会议主旨和目的，准确制作出预算报告。基本上要以志愿者的心态来举办集会，以营利为目的的话是召集不到人的。

接下来是制作并发送邀请函。

要给手头上的所有名片发送邀请函。

能有一成人回信就可以。讲师和主办方有魅力就能召集到人，没有魅力就召集不到人。所以，如果是一个年轻人举办集会，有 10 到 15 人就行。

总之要让集会举行办下去才重要。

我自己在举办集会的过程中经历过很多情况。有人收到邀请函也不回信，也有人一收到邀请函就发来信息说："多谢林田先生每次发来的邀请。但我这次不太方便，请您继续努力！"

竟然还有很多人不懂要把"御欠席"的"御"去掉的礼数。另外，还有随意寄来回信的人，有不回信而当天缺席的人、有郑重打来电话的人，还有会后第二天发来感想的人……

通过这些可以锻炼自己识人的眼力，还可以对照自己的行动进行思考，磨砺自己的关怀之心。

可以以志愿者的身份主动担任活动的负责人

理想的状态是自己主办集会，但如果很难实现，可以先从负责人开始做起。

在朋友举办活动的时候，可以向他提出申请，以志愿者的身份来担任负责人，任他随意使唤。

负责人的工作是发送邀请函、确认出席和缺席情况，协助接待等。总之必须出力。

虽然很辛苦，但只要坚持下去，就能得到主客双方的关注，给他们留下好印象。

这个时候还要提前准备好自己作为"负责人"的个人名片。

要携带个人名片以便做自我宣传（PR），这一点很重要。

要在名片上加入自己参会时的身份、姓名和肖像照。因为在仅开一次的集会上很难让别人记住自己的长相，所以要放入照片。

其中还要写上自己的兴趣、出生地、擅长的专业领域等自我介绍的内容，最后还要写上工作单位。这样一来，有时就会建立起意想不到的联系。

实际上，我从进入 JC 起就在使用能够展示自己的个人名片了。

建立人脉需要时间，不能急躁

交往的第一步从交换名片开始。

交换名片的情况是多种多样的。在营业场所交换名片，在聚会上交换名片，在吃饭的时候经人介绍而交换名片等。交换名片对谁来说都是很简单的事。

但是，大多数人都只是交换过名片后就结束了。请看一下自己的名片夹。应该有很多名片。其中现在还很亲密的人有几个呢？恐怕几乎都是仅仅交换过名片的人吧。

什么都没做一年过去了，名片就仅仅成了纸片。

那真是太可惜了。不要只是交换过名片就终止关系，而是必须将他们发展成为称得上人脉的人。目标是发展成能够直接打电话的关系，能够拜托些什么的关系。

为此，交换过名片后采取进一步行动（Follow-up）是很重要的。

如果是我，首先第二天就会以明信片、书信或传真的形式发一封"交换名片感谢信"。

我也有过打电话的情况，但这要考虑 TPO，属于高级技巧，因此不太推荐。冷不防给对方打电话，会被以为"你有什么企图"。

在建立人脉时切忌急躁。

急躁会被人认为你有什么企图。冷不防让人看到你的经商态度并不好。刚一交换名片就来推销的人最令人厌恶。就算最终是以经商为目的，首先也要从建立私人的人际关系开始。

谁都能简单开始的做法是在第二天发一封明信片、书信或传真以示交换名片的感谢。虽然也有发送电子邮件的方式，但从留在身边能够反复读的形式感上来说，还是明信片、书信和传真更胜一筹。总之，这样会起到给对方留有印象的作用。

养成交换名片后采取进一步行动的习惯

建立人脉时需要花费很长时间去归档名片和写信。但当有意识地创造并使之成为习惯时就不会痛苦了。

因此，每天要把 30 分钟时间作为建立人脉和进行关怀的时间，并采取进一步行动，比如发送交换名片的感谢信等。即使花费时间也不要觉得可惜，因为人脉具有这样的价值。

说到我的话，我会利用早晨的时间，一上班便会给前一天交换过名片的人发送交换名片的感谢信，给要再次见面的人发送再会感谢信。

这时我会使用传真。事先把基本格式做好保存在电脑里，其中在名字和会给对方留下特别印象的地方，我会亲手写上去再发送。

例如，我的交换名片感谢信传真的主要内容如下：

"非常感谢这次能够与您相遇。本以为能够好好聊一聊，但因为场合的原因没能说上话，真的很抱歉。希望再找机会与您亲密交谈。鉴于这种时节，请多加保重，由衷地祝您越来越好。今后还请您多多关照，相交永远。我会把您的名片当作珍贵的财产保管起来。给您发来传真，真是万分失礼，不过请允许我以此表达谢意。

"另外，如果有用得到我的地方，请无论如何都要通知我。"

不过即使发送了传真也不能认为马上就会变得亲密起来，甚至大部分时候都得不到对方的回应。

以我的经验来看，约有一成人会回复。而且能发来充满关怀的"谢谢！一起努力吧！"之类回信的人更是少之又少。

不过，先这样采取进一步行动是与对方构建关系的第一步。

即使得不到回应也绝不能马虎对待。

建立私人关系后，还能把工作上的事讲给他听

我们每天都会和很多人交换名片，所以有必要整理名片。我一般两个月整理一次。这时我会对新收到的名片进行分组和信息更新。

我把名片分为以下 3 组。

A 组是"今后一定要交往"的组。把交往后和工作有关联的人、能够学到些什么的人放进去。

B 组是"背后有人脉的人"的组。把他本人和我不可能有工作关联但却认识很多人的人放进去。

这类人是所谓交际广的人。经验会告诉你他们背后有没有人脉。

虽然也会考虑他们所属的企业和地位，但是一般来说，在交换名片时稍微说几句，就能知道，心情阴郁没有笑容的人不怎么有人脉，性格开朗精神饱满的人大多会有一定的人脉。

从职业种类来看，经商的人大多有人脉，担任会计和总务之类工作的人要窄一些。

C 组是 AB 组之外的组。

我之后主要讲述 A 组和 B 组的情况。

更新信息也很必要。就是要更新他们新的工作地点、头衔

等相关信息，即从科长晋升为部长、换工作、去世等人的信息。

整理完后再次将它们登记在册，整合成能随时发送 DM 的形式。

并且，进行定期联络也很重要。

就算是一张明信片也可以，定期寄去春夏秋冬的问候信，同时为了不让对方忘记你，还要连续半年或一年给对方不断写信，告诉他们："有什么需要帮助的，请尽管吩咐。""我能做哪些事。""我的兴趣是××。"

我曾经把活动的 DM 应用在这种定期的联络上。单干之后，我都是自己策划品尝会或宣讲会之类的集会，然后将邀请函发送出去。别人来不来另当别论，我都会采取更大的进一步行动。

只要这样真诚地做下去，就能建立起人际关系来。

于是，日后再见面的话，因为连续不断地给对方寄过信，所以就像"好久不见了"一样彼此有了亲近感，并能轻松地抓住话头儿。

另一方面，也会被对方邀请："下次一起喝茶吧？""来一起玩玩怎么样？"这样一来，在不断交流中可以进行自我宣传，也可以伺机说一句"能稍微听我说几句吗"，谈谈业务。

一旦建立了私人的人际关系，还能够把工作上的事讲给他听。

总之要真诚地关怀

总之要真诚地关怀才是根本。

一旦得知对方换了工作、结婚、过生日、获奖、创业等信息，就要马上发送鼓励和祝贺的传真等进行联系。这样对方会很开心。

这是建立信任关系最要紧的一环。

这也是一种关怀，是一种站在对方的立场上表达喜悦之情的精神。如果没有爱就谈不上关怀。不要用社交和工作中的客套话，而是要发自内心怀有爱意地待人接物。

我在患了一场大病后越发强烈地意识到这种关怀的必要性。我切身体会到，只有在人感到孤单时给予问候，才能真正让人感到喜悦。在人痛苦的时候，如果有一封信或传真进行鼓励，他就能够获得勇气。我读懂了这种人心的奥秘。

很多人都意识到了建立人脉时需要真诚，但是却很难做到。明明想过"人家快过生日了，给他买个什么礼物吧"，"这是他想要的信息，告诉他吧"。但往往与实际行动联系不起来。不少人都知道打个电话只不过一两分钟的事，但还是觉得在精神上很痛苦，不敢去做。

实际上保持真诚听起来很简单，其实很难。

但是，正因为困难所以才有做的意义。人都会尊敬那些能够做到自己做不到的事情的人。你如果能做到对方认为自己做不到的事，那他就会觉得"你这个人很厉害"，"是一个值得信赖的人"，给你以高度评价。

　　建立人脉的根本也是关怀。以关怀之心待人，就会渐渐地拓展人脉。
　　请用一生交往的心态去珍惜建立起来的人脉。
　　并且，为了实现自己的梦想和目标，请好好利用人脉。你的魅力也会因此得以不断增加。

第 6 章

领导能力和目标
会让你变得更有魅力

任何人都必须具备领导能力

在培养个人魅力的要求中，我想请大家掌握两点。

第一是领导能力。

先不论想不想当领导，每个人都要以团队的形式进行工作。只有两个人也算一个团队。如果在一个组织中被委任了工作，你就是这个团队的领导。做得好还会晋升到管理层，这就成为一名出色的领导。另外自主创业的人也算领导。

不管是谁，工作久了都会以某种形式被要求具有领导能力。成为领导，一般需要很多条件。

例如，高水准且有目标、积极向上、思想乐观、性格开朗、热爱学习、擅长社交、有魄力、有包容心、有协调能力等。

我自己也见过具备其中几个要素的领导。

但是，在商业这个领域来说，我认为能同时提高顾客、共事的员工和下属的满意度才算有领导能力。

就像我在丽思卡尔顿酒店的那一章所述，顾客满意度和员工满意度不是说哪个先哪个重要，它们是车的两轮，同样重要。它们是员工对工作满意就能让顾客满意，顾客满意员工也会满意的关系。

所以，领导必须创造一个能让下属和员工感到满意的职场环境，培养以顾客满意度为员工自己满意度的风气。

有很多人会说："话虽如此，要提高顾客满意度，没有经济基础也就无从谈起。"

但是这就相当于"先有鸡还是先有蛋"的问题。

在有限的经济条件下，如何创造出一个让员工怀着爱岗敬业精神和忠诚之心愉快工作的环境？如何培养出这样的人才？这要看领导的能力了。

倒金字塔形的组织和团体才能发展好

人们一般认为组织都是金字塔形。就一个公司的结构而言，金字塔的顶点是董事长，接下来是副董事长、专务董事、部长、科长等，最下面是员工。

但是，我所构想的组织是顾客位于顶点的倒金字塔形。最上面是顾客，其次是现场的员工，接下来是干部，最后才是董事长。

给予顾客感动、最重视顾客的是现场的员工，而支撑员工的是干部。

所以可以说，干部的工作是培养员工对待顾客的诚心，创造员工重视顾客的环境。

因此，干部要关怀员工，要彻底认同员工的优点，并予以支持。

对于员工的缺点，干部要睁一只眼闭一只眼。干部的工作是发现员工的优点并诚恳地对他说"你很努力"，鼓舞员工的士气。

最后是在金字塔的最底层支撑着整个组织的经营者。越往下，要支撑的人就越多，所以责任也越重。

在倒金字塔形的组织中，领导的工作是如何支持干部和员工，如何让他们愉快地工作。

创造出让员工衷心觉得"能在这个公司工作真是太好了"的满意又自豪的职场环境，是体现领导能力的要点。

总之，任何事情都需要人来做。人如果没了干劲就无法前行。唤起别人的干劲是领导的最大工作。

领导需要兼备管理能力和感性

我把酒店的领导叫总经理（General Manager）。

地位相当于棒球队的教练或者管弦乐队的指挥。

总经理掌握着酒店兴衰荣枯的关键，他是否足够有感性也影响着酒店的氛围。

如果一个没有美感的人当了总经理，那装饰的绘画不会雅致，演绎不出四季变迁的效果，沙发的风格与周围的氛围也会格格不入。总之，酒店恐怕很难谈得上有品位。

总经理不仅要在创造氛围上施展才能，还要对服务的基本方针、餐厅的理念等酒店的所有工作进行指导。所以，在高级酒店和豪华酒店，总经理的感性因素会起到很大的作用。

在一个组织中，往往多是有管理意识的人得到晋升，组织好像大多会不自觉地优先考虑他们得到晋升的合理性。

但我认为领导需要有优秀的感性思维，助手要有管理意识。在高级酒店和豪华酒店，如果将领导优秀的感性思维和助手的管理意识二者结合起来，那将会很强大。

假如总经理是一个有管理意识的人，那么助手就要有丰富的感性。总经理应该全面信赖助手，并将一部分决策权交给他。

领导需要助手。

好的助手可以让领导的能力得到更好的发挥。担任助手的关键在于不突显自己，遵从领导的方针，此外还要有在领导和下属之间协调意见的能力、搜集信息的能力和忍耐力。

一个组织最重要的就是平衡。如果全是有管理意识的人，很可能会变成政府机关那样的机械办公机构。

反之，如果净是充满感性的人聚在一起，成本意识就会变弱，企业难以维持下去。公司需要充满感性、有顾客意识的人与有管理意识的人组合成一个平衡的团队，而创造这样的团队是领导的职责。

当然，既然是职场，不仅需要与别人保持良好的关系，还需要认真完成各自的任务。

团队合作和相互勾结只有一纸之隔。

重要的是每个人首先要清楚自己的职责，尊重团队里其他人的人格。

用"没有偏见的专断"下决定

不要把独裁者与领导混为一谈。几乎所有的独裁者都"以专断和偏见"行事。

领导不可以持有"偏见"，但我认为领导要有"没有偏见的专断"。

因此，领导者应该积极地听取下属的意见。

这时领导必须像对顾客一样，对下属进行个别对待。

对 A 有对 A 的相处之道，对 B 有对 B 的谈话方式。也就是所谓的"有针对性的领导能力"（Personal Leadership）。

这当然不仅限于听取意见的方面。

在工作的所有方面，领导要了解每个人的性格并采取措施，调动他们的积极性。

员工的思维和意见可能千差万别，领导自己要对此进行判断并选择出最好的方法。

这就是"没有偏见的专断"。听取每个人的意见，进行讨论，再由领导进行判断，这一顺序很重要。

集众人之智是领导需要具备的重要资质。一个人的智慧是有限的，所以要将众人的智慧集中起来，之后再经过自己的总结做出决断。

基于哲学的判断才能保持一贯性，所以领导需要理解哲学。这相当于丽思卡尔顿酒店的信条。

而且公司必须营造出"遵守决断"的风气。

如果领导听取员工的意见并在讨论之后得出结论，大家应该予以认同并实施下去。

建立人际关系后，人就可以"视心而为"

为了提高判断能力，领导必须有丰富的经历和体验。

领导必须持续不断地学习。

不过，只靠讲道理而没有经验的人成不了领导。就算当了领导，其组织也会很快垮掉。

的确没有只靠道理就能行的事。

人是有感情的，组织不是用道理而是用"心"来维系的。没有良好的人际关系，仅仅靠讲道理式的命令是行不通的。反之，如果领导与员工之间的关系融洽，不用讲道理，员工也会给予协助。

领导应当使组织保持这样的状态。

目标是拥有个人版的信条

除了领导能力，有魅力的人还必须确立目标。

丽思卡尔顿酒店的核心是信条。

想让顾客满意的公司也需要经营哲学。

不仅企业需要这些行动方针，个人也需要目标和理想，或许也可以说是个人版的信条。

内心拥有理想并付诸行动的人是光彩夺目的。

我对能进入丽思卡尔顿酒店并在那里工作感到开心和自豪。

同时我每天都抱着成为经营酒店领头羊、让顾客极度满意的目标，全身心地投入工作之中。

当时遇到的一位顾客对我说："林田先生，你令人感觉更好了。""这里变成了一家豪华酒店了，有气场了。"

这种氛围不是制造出来的，而是从内至外生发出来的。人有了目标和理想，就会拼命地去想挑战它的方法。这在周围人看来就是优秀。

把目标具体化就能清楚要做什么

设定人生和事业的目标很重要。预先设定了目标，就能朝着目标努力，就能清楚地明白每一步该做什么。

大多数成功人士都拥有明确的目标。对于目标的愿望强烈与否是能否成功的分界线。

一个只有模糊目标的人和一个有强烈愿望且目标明确的人，他们离成功的距离是不一样的。

此外在设定高目标的同时还必须养成考虑现实的习惯。

到底怎么做才能实现目标？愿望强烈的人会深入思考具体行动。

而愿望不强烈的人只有一个模糊的愿望。

我会从以下8个方面设定具体的目标：

①健康管理；②创造经济能力；③自我启发；④创造人脉；⑤重视家庭；⑥持有兴趣；⑦工作；⑧参加志愿活动。

我会就这8个目标制订一个为期3年的长期目标和一个为期1年的短期目标。

"重视家庭"的短期目标可以是"3月份和8月份去旅行""全家人每月在外聚餐1次"，长期目标可以是"3年后全家人一起去法国"。

目标要尽量具体且可以立即付诸行动。

假如一个爱好开车兜风的人制定了 3 年后买一辆车的目标。但只是制订"买车"这个目标还称不上目标。

想法越强烈，愿望、期望和梦想就会越具体。模糊的目标终将无济于事。光想着要买车是实现不了梦想的。

比如目标是"买一辆 600 万日元的白色宝马"，那么就会在笔记本之类的东西上写上"今年存 100 万日元的首付"的短期目标。要明确写上首付多少，每月付多少，分 5 年付完。

如果是健康管理的目标，就应该尽可能具体地考虑"每天上午花 10 分钟做拉伸运动""每周去蒸一次桑拿""80 公斤的体重 1 年后减到 75 公斤"等。

考虑得越具体，就越有可能实现目标。

为什么呢？为了实现目标就会制订具体的行动计划。

然后将其付诸行动，就可以清楚下一步要做的事。这样就会朝着目标踏踏实实地前进。

年轻时可以不断改变目标

我每年一到年末就会对这一年回顾一番，并考虑下一年的目标。我会用铅笔把目标写在一张 A4 纸上，然后夹到笔记本里随身带着。

为什么用铅笔写呢？因为人的意识和心情会随时改变。

每当想法改变的时候，我就用橡皮擦掉重写。不要拘泥于写了一次的东西，而要不断更新才是。

目标当然很重要，但如果被曾经立下的目标束缚就本末倒置了。

目标是为了自我实现，所以最好根据自己所处的状况时刻进行修改。

一年后要用"这个完成了""这个还差一点"的方式去检查目标。坚持这样做，实现目标的愿望就会不可思议地越来越强烈。

碰壁后才会掌握实现目标的方法

总之，要有一个粗略的想法。可以说这是实现目标的诀窍。

换句话说，愿望就是意志。

实现目标的意志坚定，描绘实现目标的路线缜密，展开的行动具体，是成功的关键。

一个经营者，一个独立的人，其魅力在于他是一个勇往直前的人、积极进取的人、想法乐观的人。

这样的人一定会碰壁，但这才是重点。

理论上来讲，碰壁会让人痛苦。

但是不去经历就不会知道到底有多痛苦。我认为经历过的人是强大的。

光纸上谈兵说"碰壁当然会痛喽"是不行的。实际感受到碰壁之痛后，就会想办法避免下一次碰壁。这才是行之有效的方法。

所以，不论成功与否，在公司上班的人和二三十岁单干的人有着明显不同的气质。

单干的人总是在背水一战，天生充满力量，习惯从失败中想方法。

我也做过很长时间的公司职员，公司职员不需要筹措资金，也能按时拿到工资和奖金。说得极端一点，不管做什么都可以拿到钱，说到底没有必要冒着风险去挑战。

所以，我真心希望年轻人拥有独立的精神。

待在组织里就会染上工薪阶层的思维。为了让工作和生活变得丰富多彩，就算待在组织里，也要有独自开辟一条道路的意志和力量，这是不可或缺的。

坚持做下去是达成目标的捷径

有时候制定了目标并付诸了行动，却未能如愿以偿。

比如进不了想进的公司，没被分到想去的部门等。

也有时候被分配的工作不一定是自己想做的工作。

其实当初我进藤田观光股份公司的时候，也曾希望在东京工作。我出生在地方①，所以对东京很是憧憬。

但实际上我被分配到了大阪的太阁园。说没有失望那是假的。

虽然没有如愿以偿，但一定要坚持目标。

那时候我重新整理心情，想着"是为了当董事长而从藤田观光的总公司来太阁园进行董事长见习的"，于是开始拼命地工作。

另一方面，就算如愿以偿地从事了憧憬的工作，也有实际尝试后发现不是当初所想而感到失望，从而变得讨厌起来的情况。这时有些人就会伺机挑战其他工作了。

首先必须明确的是，在组织里应该优先考虑组织的情况而不是个人的情况。所以不能根据自己的意愿来决定工作地。

既然在组织里，就需要忍耐。首先要用持之以恒的精神对待被交代的工作，并做出成绩来。做好每一件事的人不管到哪个部门去都是可以胜任的。

要在完成被交代的工作之后再去向上司提出自己的要求。

上司会听取做出成绩的人的意见。这是开辟道路的方式。

我26岁时在太阁园当前台。那时的我对营业工作甚为憧憬。

---

① 地方：指东京以外的地区。

　　争取客源、操持宴会和结婚典礼的营业工作是太阁园的香饽饽，可以接触到很多人，魅力非凡。

　　但当时的营业工作全都是由大学毕业生来做，对于高中毕业的我来说高不可攀。

　　虽然我一直表示想要去做营业，但是上司不让我去。

　　由于我对营业工作的愿望太过强烈，以致上司发现我在做前台的时候都有点散漫了。不过我在做前台的 6 年里，从没停止过看书学习营业的知识。

　　当时上司对我说"先看看你的表现"，然后命令我每天早上去打扫濑户内海直岛的海水浴场海岸。

　　太阁园当时在那个岛上建了一个海水浴场，夏天经营海滨会所和宿营小屋。

　　海水浴场的海岸线全长 200 多米。我的工作是把冲上岸的海草和垃圾收集起来，然后挖一个大坑埋起来，十分耗体力。再加上晚上还要负责野营地周围的警戒工作，觉都睡不好。

　　然而我却持续 40 天每天早上 4 点钟起床打扫海岸线。

　　结束 40 天的直岛生活返回大阪后，等待我的是营业部的任命书。我是第一个只有高中学历而被分配到营业部的人。

　　事实上"想做营业工作"的强烈愿望是我打扫海岸的原动力。但实现愿望并不是要去做多难的事情。谁都可以如打扫海岸，问题是能不能坚持下来，这只是毅力上的差距而已。

就连莱特兄弟（Wright brothers）也是失败了好几百次才成功的。他们想着一定能飞起来，反复进行改良改进，不断钻研，所以才成功了。

我认为在进展顺利之前，在达成目标之前，在成功之前，坚持去做是通往成功的唯一道路。

要接受外界刺激，寻找自己的路

本书的大部分读者应该都在公司上班吧。之前我劝大家即使不能如愿以偿也要在组织里努力拼搏。然而，只是在组织里努力，有时候并不能实现远大的志向。实际上，一旦待在组织里，人的成长速度就容易变慢。

所以，一个人如果特别想让自己成长，一定要去认识社会，建立和使用人脉。

比如在下班后去见学生时代的朋友，参加学习会，出席跨界交流会等。

尤其是参加跨界交流会的人，他们全都是勇往直前、积极向上的人。在那里能得到很大的刺激和见识。

在和这些人接触的过程中，会常常改变自己的想法和目标。如果出现了让你觉得"的确如此"的事情，那改正自己的想法也未尝不可。

　　这样循环往复下去，到某一个时期你就会清楚自己要走哪一条路了。

　　在与很多人接触和交流的过程中，就会觉得"这个人的想法比我更好"。如果认为真是这样，可以改变目标；如果认为不是这样，就还是走自己的路。年轻的时候不要总是把自己绑在一个想法上，而要灵活地思考。

　　但这时如果给对方不好的印象，就产生不了交流。

　　这里也需要关怀之心。

　　想更好地活下去，必须有关怀之心，即"充分考虑对方的心情，对预想做万全对策"的心。

　　希望您能保持关怀之心，开辟光明的未来。

结　语

承蒙您读到最后，我深表感谢。

如您所知，我现在是京都全日空酒店的董事长兼总经理。丽思卡尔顿（大阪）酒店虽然与我不属于一个地区，但是都位于关西，是同一行业的竞争对手和劲敌。

作为站在这样一种立场的人，冠以丽思卡尔顿酒店之名出书，我坦言自己犹豫了许久。这会不会对我正在工作的京都全日空酒店和曾经工作过的丽思卡尔顿（大阪）酒店双方带来麻烦？我对此始终忧心忡忡，难以释怀。

坦白地讲，受出版社委托执笔此书时，我独自经营着一家咨询公司。

当时受此委托时，我还庆幸了一番，就爽快地答应了下来。但在即将完稿时，我的立场已经与执笔之初截然不同了。

话虽如此，但是既然和出版社约定好了，就要想办法避免毁约。

最终在多方的理解和协助下，特别是在京都全日空酒店中山裕之会长的支持下，我完成了此书，不胜感谢。

谢谢大家！

我执笔时，得到了京都全日空酒店和丽思卡尔顿（大阪）酒店的各位同人莫大的理解和协助，我借此机会深表感谢。

另外，我对文中所有涉及并在平时支持我的很多顾客表示感谢。

我在此不能一一罗列各位的姓名，改日再去表达谢意。

我还要对各位读者再次表示感谢。

想来文中定有不少拙劣之处，还请原谅。此书如果能给各位读者内心深处留有些许启示，将是我的荣幸。

最后，容我造次一下，我认为京都全日空酒店也是一家不逊于丽思卡尔顿（大阪）酒店的、关怀备至的酒店。

您驾临京都时，请下榻本酒店。如果您对本书有任何感想和发现，请不吝赐教，给予指导和鞭挞。

林田正光

"服务的细节" 系列

《卖得好的陈列》：日本"卖场设计
第一人"永岛幸夫
定价：26.00 元

《为何顾客会在店里生气》：家电卖
场销售人员必读
定价：26.00 元

《完全餐饮店》：一本旨在长期适用
的餐饮店经营实务书
定价：32.00 元

《完全商品陈列 115 例》：畅销的陈
列就是将消费心理可视化
定价：30.00 元

《让顾客爱上店铺 1——东急手创
馆》：零售业的非一般热销秘诀
定价：29.00 元

《如何让顾客的不满产生利润》：重
印 25 次之多的服务学经典著作
定价：29.00 元

《新川服务圣经——餐饮店员工必学
的 52 条待客之道》：日本"服务之
神"新川义弘亲授服务论
定价：23.00 元

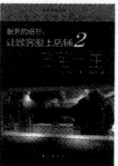

《让顾客爱上店铺 2——三宅一生》：
日本最著名奢侈品品牌、时尚设计与
商业活动完美平衡的典范
定价：28.00 元

《摸过顾客的脚才能卖对鞋》：你所不知道的服务技巧，鞋子卖场销售的第一本书
定价：22.00 元

《繁荣店的问卷调查术》：成就服务业旺铺的问卷调查术
定价：26.00 元

《菜鸟餐饮店 30 天繁荣记》：帮助无数经营不善的店铺起死回生的日本餐饮第一顾问
定价：28.00 元

《最勾引顾客的招牌》：成功的招牌是最好的营销，好招牌分分钟替你召顾客！
定价：36.00 元

《会切西红柿，就能做餐饮》：没有比餐饮更好做的卖卖！ 饭店经营的"用户体验学"。
定价：28.00 元

《制造型零售业——7-ELEVEn 的服务升级》：看日本人如何将美国人经营破产的便利店打造为全球连锁便利店 NO.1！
定价：38.00 元

《店铺防盗》：7 大步骤消灭外盗，11 种方法杜绝内盗，最强大店铺防盗书！

定价：28.00 元

《中小企业自媒体集客术》：教你玩转拉动型销售的 7 大自媒体集客工具，让顾客主动找上门！

定价：36.00 元

《敢挑选顾客的店铺才能赚钱》：日本店铺招牌设计第一人亲授打造各行业旺铺的真实成功案例

定价：32.00 元

《餐饮店投诉应对术》：日本 23 家顶级餐饮集团投诉应对标准手册，迄今为止最全面最权威最专业的餐饮业投诉应对书。

定价：28.00 元

《大数据时代的社区小店》：大数据的小店实践先驱者、海尔电器的日本教练传授小店经营的数据之道

定价：28.00 元

《线下体验店》：日本 "体验式销售法"第一人教你如何赋予 O2O 最完美的着地！

定价：32.00 元

《医患纠纷解决术》：日本医疗服务第一指导书，医院管理层、医疗一线人员必读书！ 医护专业入职必备！
定价：38.00 元

《迪士尼店长心法》：让迪士尼主题乐园里的餐饮店、零售店、酒店的服务成为公认第一的，不是硬件设施，而是店长的思维方式。
定价：28.00 元

《女装经营圣经》：上市一周就登上日本亚马逊畅销榜的女装成功经营学，中文版本终于面世！
定价：36.00 元

《医师接诊艺术》：2 秒速读患者表情，快速建立新赖关系！ 日本国宝级医生日野原重明先生重磅推荐！
定价：36.00 元

《超人气餐饮店促销大全》：图解型最完全实战型促销书，200 个历经检验的餐饮店促销成功案例，全方位深挖能让顾客进店的每一个突破点！
定价：46.80 元

《服务的初心》：服务的对象十人百样，服务的方式千变万化，唯有，初心不改！
定价：39.80 元

《最强导购成交术》：解决导购员最头疼的 55 个问题，快速提升成交率！
定价：36.00 元

《帝国酒店——恰到好处的服务》：日本第一国宾馆的 5 秒钟魅力神话，据说每一位客人都想再来一次！
定价：33.00 元

《餐饮店长如何带队伍》：解决餐饮店长头疼的问题——员工力！ 让团队帮你去赚钱！
定价：36.00 元

《漫画餐饮店经营》：老板、店长、厨师必须直面的 25 个营业额下降、顾客流失的场景
定价：36.00 元

《店铺服务体验师报告》：揭发你习以为常的待客漏洞　深挖你见怪不怪的服务死角　50 个客户极致体验法则
定价：38.00 元

《餐饮店超低风险运营策略》：致餐饮业有志创业者 & 计划扩大规模的经营者 & 与低迷经营苦战的管理者的最强支援书
定价：42.00 元

《零售现场力》：全世界销售额第一名的三越伊势丹董事长经营思想之集大成，不仅仅是零售业，对整个服务业来说，现场力都是第一要素。

定价：38.00 元

《别人家的店为什么卖得好》：畅销商品、人气旺铺的销售秘密到底在哪里？ 到底应该怎么学？ 人人都能玩得转的超简明 MBA

定价：38.00 元

《顶级销售员做单训练》：世界超级销售员亲述做单心得，亲手培养出数千名优秀销售员！ 日文原版自出版后每月加印 3 次，销售人员做单必备。

定价：38.00 元

《店长手绘 POP 引流术》：专治"顾客门前走，就是不进门"，让你顾客盈门、营业额不断上涨的 POP 引流术！

定价：39.80 元

《不懂大数据，怎么做餐饮？》：餐饮店倒闭的最大原因就是"讨厌数据的糊涂账"经营模式。

定价：38.00 元

《零售店长就该这么干》：电商时代的实体店长自我变革。

定价：38.00 元

《生鲜超市工作手册蔬果篇》：海量
图解日本生鲜超市先进管理技能
定价：38.00元

《生鲜超市工作手册肉禽篇》：海量
图解日本生鲜超市先进管理技能
定价：38.00元

《生鲜超市工作手册水产篇》：海量
图解日本生鲜超市先进管理技能
定价：38.00元

《生鲜超市工作手册日配篇》：海量
图解日本生鲜超市先进管理技能
定价：38.00元

《生鲜超市工作手册副食调料篇》：
海量图解日本生鲜超市先进管理技能
定价：48.00元

《生鲜超市工作手册POP篇》：海量
图解日本生鲜超市先进管理技能
定价：38.00元

《日本新干线7分钟清扫奇迹》：我们
的商品不是清扫，而是"旅途的回忆"
定价：39.80元

《像顾客一样思考》：不懂你，又怎
样搞定你?
定价：38.00元

《好服务是设计出来的》：设计，是对服务的思考
定价：38.00元

《让头回客成为回头客》：回头客才是企业持续盈利的基石
定价：38.00元

《餐饮连锁这样做》：日本餐饮连锁店经营指导第一人
定价：39.00元

《养老院长的12堂管理辅导课》：90%的养老院长管理烦恼在这里都能找到答案
定价：39.80元

《大数据时代的医疗革命》：不放过每一个数据，不轻视每一个偶然
定价：38.00元

《如何战胜竞争店》：在众多同类型店铺中脱颖而出
定价：38.00元

《这样打造一流卖场》：能让顾客快乐购物的才是一流卖场
定价：38.00元

《店长促销烦恼急救箱》：经营者、店长、店员都必读的"经营学问书"
定价：38.00元

《餐饮店爆品打造与集客法则》：迅速提高营业额的"五感菜品"与"集客步骤"
定价：58.00 元

《赚钱美发店的经营学问》：一本书全方位掌握一流美发店经营知识
定价：52.00 元

《新零售全渠道战略》：让顾客认识到"这家店真好，可以随时随地下单、取货"
定价：48.00 元

《良医有道：成为好医生的 100 个指路牌》：做医生，走经由"救治和帮助别人而使自己圆满"的道路
定价：58.00 元

《口腔诊所经营 88 法则》：引领数百家口腔诊所走向成功的日本口腔经营之神的策略
定价：45.00 元

《来自 2 万名店长的餐饮投诉应对术》：如何搞定世界上最挑剔的顾客
定价：48.00 元

《超市经营数据分析、管理指南》：来自日本的超市精细化管理实操读本
定价：60.00 元

《超市管理者现场工作指南》：来自日本的超市精细化管理实操读本
定价：60.00 元

《超市投诉现场应对指南》：来自日本的超市精细化管理实操读本

定价： 60.00 元

《超市现场陈列与展示指南》

定价： 60.00 元

《向日本超市店长学习合法经营之道》

定价： 78.00 元

《让食品网店销售额增加 10 倍的技巧》

定价： 68.00 元

《让顾客不请自来！ 卖场打造 84 法则》

定价： 68.00 元

《有趣就畅销！ 商品陈列 99 法则》

定价： 68.00 元

《成为区域旺店第一步——竞争店调查》

定价： 68.00 元

《餐饮店如何打造获利菜单》

定价： 68.00 元

《日本家具 & 家居零售巨头 NITORI
的成功五原则》
定价： 58.00 元

《咖啡店卖的并不是咖啡》
定价： 68.00 元

《革新餐饮业态： 胡椒厨房创始人的
突破之道》
定价： 58.00 元

《餐饮店简单改换门面， 就能增加新
顾客》
定价： 68.00 元

《让 POP 会讲故事， 商品就能卖
得好》
定价： 68.00 元

《经营自有品牌： 来自欧美市场的实
践与调查》
定价： 78.00 元

《卖场数据化经营》
定价： 58.00 元

《超市店长工作术》
定价： 58.00 元

《习惯购买的力量》
定价： 68.00 元

《7-ELEVEn 的订货力》
定价： 58.00 元

《与零售巨头亚马逊共生》
定价： 58.00 元

《下一代零售连锁的 7 个经营思路》
定价： 68.00 元

《唤起感动： 丽思卡尔顿酒店 "不可
思议" 的服务 》
定价： 58.00 元

更多本系列精品图书，敬请期待！